FABULOSAS

HISTÓRIAS DE UM BRASIL LGBTQIAP+

A Editora Paralela é uma divisão da Editora Schwarcz S.A.

Grafia atualizada segundo o Acordo Ortográfico da Língua Portuguesa de 1990, que entrou em vigor no Brasil em 2009.

CAPA E PROJETO GRÁFICO Beatriz Marassi e Felipe Portella/ Caronte Design
LETTERING DE CAPA Militão Queiroz
PREPARAÇÃO Antonio Castro
CHECAGEM Érico Melo
REVISÃO Carmen T. S. Costa e Julian F. Guimarães

Dados Internacionais de Catalogação na Publicação (CIP)
(Câmara Brasileira do Livro, SP, Brasil)

Cassimiro, Patrick
    Fabulosas : Histórias de um Brasil LGBTQIAP+ / Patrick Cassimi-
ro. — 1ª ed. — São Paulo : Paralela, 2022.

    ISBN 978-85-8439-244-5

    1. LGBTQIAP+ – Siglas   2. Personagens – Brasil – Biografia
3. Personagens – Brasil – História   I. Título.

22-105460   CDD-920.93067660981

Índice para catálogo sistemático:
1. Brasil : Personagens : LGBTQIAP+ : Biografia   920.93067660981

Cibele Maria Dias – Bibliotecária – CRB-8/9427

[2022]
Todos os direitos desta edição reservados à
EDITORA SCHWARCZ S.A.
Rua Bandeira Paulista, 702, cj. 32
04532-002 — São Paulo — SP
Telefone: (11) 3707-3500
editoraparalela.com.br
atendimentoaoleitor@editoraparalela.com.br
facebook.com/editoraparalela
instagram.com/editoraparalela
twitter.com/editoraparalela

DEDICO ESTE LIVRO A NÓS
BICHAS E A TODAS AS
PESSOAS LGBTQIAP+ QUE
OUSARAM SER ELAS MESMAS.

AO MEU EU ASSUSTADO DE
ONTEM E PARA O MEU EU
QUE VIVE TODAS AS CORES
NO PRESENTE, INCLUINDO
O PRETO E O BRANCO.

ESSA HISTÓRIA É NOSSA!

Sumário

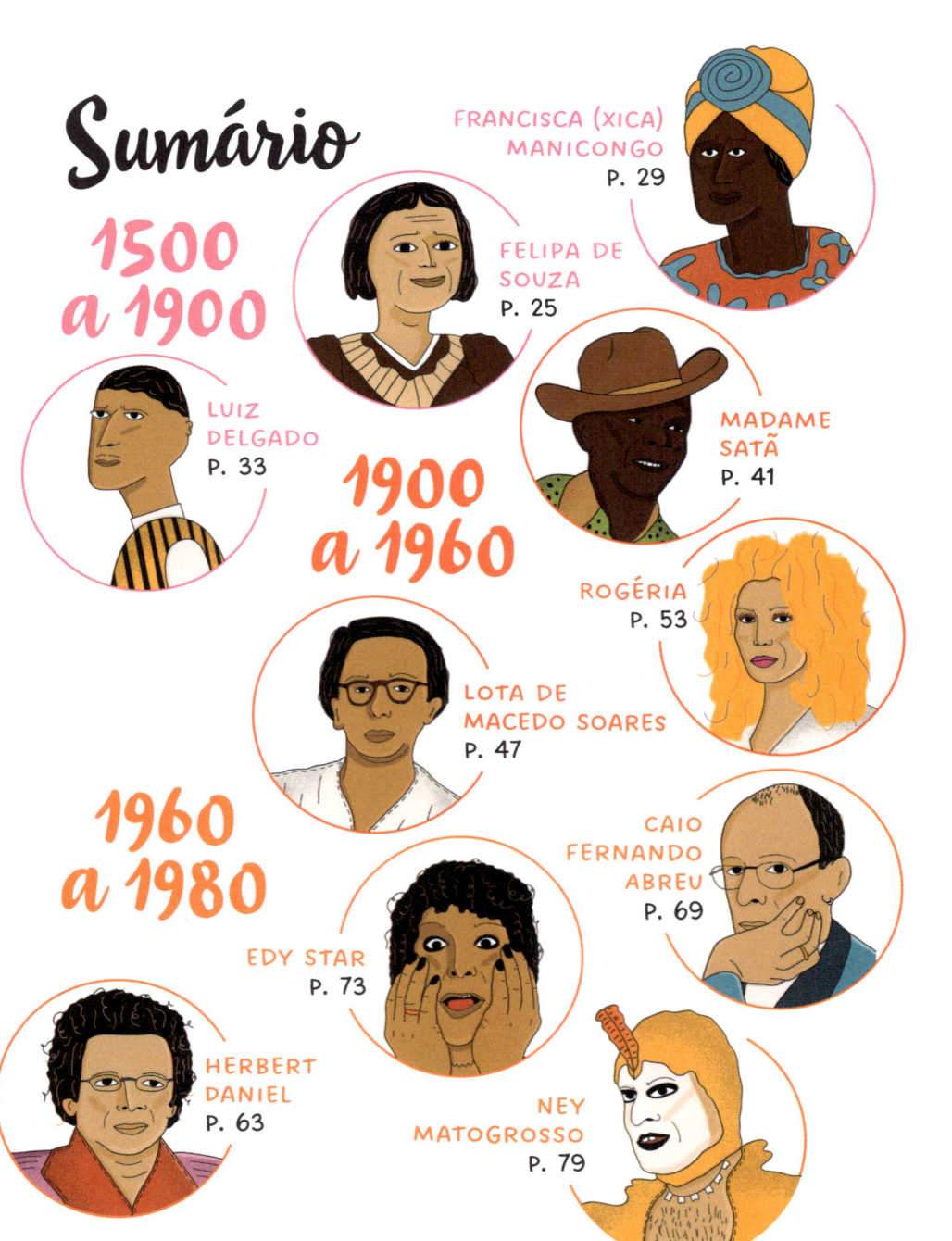

ROSELY
ROTH
P. 87

JOÃO SILVÉRIO
TREVISAN
P. 83

LUIZ
MOTT
P. 99

1980 a 1990

RICARDO
CORRÊA
DA SILVA
P. 103

JOÃO W. NERY
P. 107

BRENDA
LEE
P. 117

ROBERTA
CLOSE
P. 111

SILVETTY
MONTILLA
P. 121

1990 a 2000

JORGE
LAFOND
P. 129

LECI
BRANDÃO
P. 133

LACRAIA
P. 141

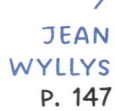

JEAN WYLLYS
P. 147

2000 a 2010

LAERTE
P. 151

BANDA UÓ
P. 171

GISBERTA SALCE JÚNIOR
P. 167

LEONA VINGATIVA
P. 157

2010 a 2020

LUANA MUNIZ
P. 163

IRAN GIUSTI
P. 181

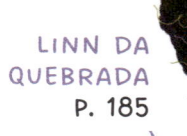

LINN DA QUEBRADA
P. 185

MARIELLE FRANCO P. 191

MATHEUSA P. 195

ERICA MALUNGUINHO P. 199

KATÚ MIRIM P. 203

Cultura LGBTQIAP+

Gay. Negro. Goiano.

NASCI NUMA CIDADE DO INTERIOR de Goiás com quase 200 mil habitantes. Quando era criança, circulava uma lenda urbana que dizia: quando houvesse 200 mil moradores na cidade, um McDonald's seria aberto — não era possível inaugurar um restaurante da franquia em cidades daquele tamanho.

Além dessa, havia outra lenda sobre a criação de um shopping. A gente ficava feliz com todo prédio novo que surgia, na esperança de que o bendito amontoado de lojas fosse abrir. Mas nunca abria. Até que abriram três. Nenhum vingou.

Na minha cidade também havia o Dilsinho e, nesse caso, não se tratava de lenda urbana. Dilsinho era real e era bicha. Dilsinho era *bem* bicha. Dilsinho era tão bicha que, quando comprou um carro, a placa terminava com 007 pra dizer que era ele o verdadeiro James Bond. Um James Bicha Bond. Queria, dessa forma, afrontar a heterossexualidade quebrando com a imagem máscula do personagem. Até que Dilsinho morreu. A causa eu não saberia precisar, como acontece com uma boa lenda — aqui no sentido de pessoa lendária —, várias versões eram contadas sobre o fato. A que mais ouvi era a de que tinha um problema renal. Seu velório foi o que me marcou. Dilsinho foi enterrado de branco, talvez com um véu, um vestido ou uma mortágua. Muitas pessoas da cidade foram ao enterro. Dilsinho era uma das poucas pessoas LGBTQIAP+ que eu via na rua, à luz do dia. Sempre que ele passava, surgiam comentários curiosos ou pejorativos sobre sua figura.

Nasci nessa cidade do interior de Goiás e talvez por isso este livro esteja em suas mãos, pessoa leitora. Cresci achando que ser bicha era errado demais. Cresci escondendo minha sexualidade, demorei para me entender. Acho que virei bicha, de verdade, só em 2019. Gay eu já era. Mas viado, bicha, só mesmo em 2019. Na minha cabeça, bicha era o outro mais afeminado. Não podia ser eu. Lembro exatamente o dia em que me entendi bicha: saí do trabalho e fui beber no bar da frente com quatro amigos, o lugar era conhecido como bar das lésbicas, pois toda sexta à noite rolavam vários *dates* delas ali. Naquele dia, eu, o Ju, o Higa, o Lucas e o Matheus rimos e bebemos. De repente a gente começou a chorar. Entramos em conversas muito profundas sobre infância, sair do armário e abusos cometidos contra nossos corpos. Peguei um Uber para voltar para casa e só sentia raiva. Estava revoltado porque todos os meus amigos viados tinham cicatrizes iguais às minhas.

Por que homens héteros não passavam por isso? Por que não precisavam mergulhar em feridas, podendo apenas seguir com a vida? Essas eram perguntas que eu me fazia na hora da indignação, mas no fundo eu sabia, é óbvio, das outras feridas que eles criavam pelo simples fato de não se questionarem. A masculinidade tóxica também causava dor.

Naquele dia, entendi que, para mim, ser bicha estava relacionado a fazer parte de uma comunidade. De algo maior. Quando está com outros viados, você se fortalece na dor e no compartilhamento, sendo bicha juntos. Foi nesse dia de 2019, quando eu provavelmente estava com um delineado colorido nos olhos, que descobri que era bicha. Entendi que tinha uma bandeira e estava pronto para levantá-la.

Um dos capítulos deste livro conta a história do Jorge Lafond, uma bicha preta de 1,98 metro de altura que enfrentou muita gente e rompeu com o destino que a sociedade lhe havia traçado. Lafond sentia que precisava ser forte; não podia dar motivos para qualquer derrota, do contrário não triunfaria. Ele dava vida a Vera Verão no humorístico **A Praça É Nossa**. O bordão da personagem era gritar "EEEEEEEEEEPA! BICHA, NÃO!!!".

Realmente, ser bicha naquele começo dos anos 1990 era muito difícil. Nem a Vera, nem ninguém queria ser bicha. Era um dos xingamentos mais pejorativos. Nos últimos anos, comecei a entender a importância da ressignificação: foi necessário desconstruirmos os termos para triunfarmos. Foi necessário nos apropriar do que era um xingamento para transformar essa dor em luta, senão a gente não seguiria. Estaríamos mortos.

Definir-se como bicha nem tem tanto a ver com performar o feminino num corpo gay cisgênero masculino. Assumir-se gay é se posicionar. Definir-se como viado, como bicha, é uma forma de resistir. Por isso, uso esses termos aqui, e sem aspas! Não tem nada de pejorativo: ao contrário, neste livro são usados com orgulho.

Durante a fase inicial da pandemia de covid-19, eu questionei tudo. Li muito. Li Judith Butler e seus estudos sobre gênero. Me perguntei o que é performance, o que é feminino, o que é masculinidade. Tudo com muita dor, muito mergulho. Finalmente me permiti e entendi o lugar de tratar meus amigos gays no feminino, consegui experimentar a arte drag e, no fim, entendi o quanto é possível brincar e me divertir com tudo isso.

Este livro surgiu como o resultado em papel de todos esses questionamentos e inseguranças. Ele teve uma primeira versão lançada em 2021 por meio de financiamento coletivo. É graças ao Samuel Gomes, meu amigo e autor incrível de **Guardei no armário**, que ele agora é publicado pelo selo Paralela, do grupo Companhia das Letras.

Em nossas conversas prévias, a única recomendação que minhas editoras me deram foi: conte a sua versão da história! Ou seja, faça de si mesmo uma primeira pessoa, quando necessário, para contar a vida dos outros.

E acho que este livro precisava mesmo ser assim. Afinal, como alguém LGBTQIAP+ nascido no Brasil, faço parte dessa história desde 1989. Não como espectador, mas como alguém que acompanhou as mudanças sobre o tema e sentiu na pele o que acontecia em nosso país.

Ao mergulhar na história para este livro, foi impossível não me fazer de personagem dele. Passei a compreender mais não apenas sobre sexualidade, mas também sobre raça. Filho de pai negro e mãe branca, faz uns cinco anos que me dei conta de que a minha negritude também é um tipo de resistência. Por não ter a pele retinta, precisei entender o colorismo para descobrir o universo de cores e oportunidades que habita a minha escolha entre a primeira e a última tonalidade de pele quando configuro um emoji do meu smartphone.

Pesquisar as histórias para este livro e conhecer pessoas com quem divido o mesmo universo diverso me deu aquele aconchego. Aquele acalento.

Tenho entendido que poder montar a própria árvore genealógica é um privilégio gigante. Como não tenho mais avós, meu pai relata de memória o que já ouviu: "Sua bisavó era indígena. Sofreu demais. Foi pega no laço, escravizada. Trabalhava em fazenda". Ouvir isso assusta. O intervalo entre mim e a minha bisavó não é tão grande — trata-se de um Brasil de não muito tempo atrás, um país que ainda reverbera muitas cicatrizes do período escravista.

Talvez seja por isso que fiz este livro.

Ele é para o Dilsinho. Para o pequeno Patrick, que levou anos demais até assumir sua bichice. É para qualquer poc que está confusa e lendo isso. Aliás, para todas as pessoas LGBTQIAP+ que não conseguem se entender e se aceitar — é difícil mesmo, nem todo mundo está preparado. É para todas as minhas amigas bichas, para homens e mulheres, cis e trans. É para a minha mãe e todas as outras famílias que tiveram uma criação rígida e agora precisam se desconstruir, diariamente, para conseguir nos acompanhar. É para todas as pessoas aqui homenageadas e para todas as que ficaram de fora — imagina quanta história a mais não caberia aqui? É para as representantes da letra T: travestis e transgêneros, que lutam na linha de frente apenas pelo direito de existir.

Este é um livro para não esquecermos. Um livro para colocarmos nomes em evidência. Um livro feito durante um período de pandemia em que estávamos sob o poder de um presidente homofóbico e racista. Um livro feito em um período em que as mortes da população LGBTQIAP+ continuaram a existir, mesmo que a gente mal pudesse sair de casa.

Este livro foi escrito por mim, mas pode imaginá-lo como uma conversa nossa. Minha e sua. Ele não tem a proposta de ser acadêmico. Aqui vai ser assim, estamos em um bar! Pega uma cadeira, abre uma cervejinha e vamos celebrar! Este é o objetivo deste livro. Acima de tudo, espero que você se divirta.

P.S.: DEI UM GOOGLE RÁPIDO E, NO ATO DE ESCRITA DESTE TEXTO, LUZIÂNIA ESTÁ COM 211508 HABITANTES. E AINDA NÃO TEM MCDONALD'S. SÓ TEVE UM GIRAFFAS, QUE FECHOU, TAMBÉM UM BOB'S E UM BURGER KING. POXA, RONALD! :/ VOCÊ PROMETEEEEU.

Personagens

Como recuperar uma história oculta?

CONTAR A HISTÓRIA DO BRASIL não é tarefa fácil. É como ter um quebra-cabeça cheio de peças faltantes, que, no caso, são os documentos que registravam o passado. Alguns deles, como os referentes à escravidão, foram queimados numa tentativa de apagar aquele período e fingir que nada aconteceu.

Quando falamos da história LGBTQIAP+ brasileira, então, entramos em uma zona cinzenta, pois antes era ainda mais difícil falar sobre o tema. Mesmo assim, teremos que voltar ao início da história do Brasil que conhecemos, como nos foi ensinado nas escolas, para conseguirmos nos aprofundar no assunto. Será importante conhecer o contexto para entender por que a homofobia é tão vitoriosa no nosso país e por que a luta contra ela faz parte do nosso cotidiano.

É importante frisar, aliás, que não trabalharei com o termo "descobrimento do Brasil", já que ele não faz o menor sentido nos dias de hoje: ele data do período da colonização europeia, e já existiam povos indígenas por aqui. Vou partir então de um momento um pouco anterior à chegada dos portugueses: por volta de 1490, quando a homossexualidade já era discutida na Europa. Justamente o período em que a ideia cristã do *pecado gay* ganhava força, estava prestes a sair de lá e aportar por aqui.

Vivíamos então em um Brasil indígena. Com diferentes povos e grupos étnicos. O contexto do catolicismo não estava presente, mas existiam tradições importantes. Em termos de gênero, a ideia que dividia o que era de homem e de mulher já era presente. Por exemplo, o conceito de "trabalho para homem" e "trabalho para mulher". Sobre esse período, a história conta que certos homens não se identificavam com esses trabalhos definidos para eles e tampouco com as vestimentas consideradas "masculinas". Preferiam cuidar da criação de cestos, se vestir com trajes "femininos" e se relacionar com outros homens. Do outro lado, o mesmo acontecia com mulheres e estava tudo bem.

Em determinados grupos étnicos, essa ideia do rompimento das regras preestabelecidas era vista como uma grande potência, digna de seres evoluídos. Essas pessoas tinham destaque entre seus iguais. Um exemplo é o caso dos guaicurus, povo que habitava o sul do Mato Grosso. Os homens que emulavam esse comportamento tido como feminino eram chamados de *cudinhos*. Com os tupinambás, algo semelhante acontecia: as mulheres que iam para as guerras, que caçavam e se relacionavam com outras mulheres, eram conhecidas como çacoimbeguira — segundo o **Vocabulário na língua brasílica**, citado por Amilcar Torrão Filho em seu livro **Tríbades galantes, fanchonos militantes**, o termo significa "machão, mulher que não conhece homem e tem mulheres". No caso de homens homossexuais, o termo utilizado era *tibira*, ou seja, homens afeminados. Eles não chegavam a sofrer nenhum tipo de retaliação por se relacionarem com outros homens, desde que fizessem os trabalhos de caça e guerra, tidos como masculinos.

Também já existia a prostituição, tanto feminina quanto masculina. O sexo era trocado por penduricalhos, proteção e comida.

Pouco depois desse período, em 1500, chegaram os portugueses. Povos indígenas foram forçados à catequese. O cristianismo se disseminou pelo Ocidente. E assim tais relações e modelos de vivência que eram praticados tanto aqui quanto na Europa, na África e em tantos outros lugares passaram a ser perseguidos. Era errado. Era pecado.

VOU TE CONTAR UM SEGREDO

ERA 1591. ANO DO PRIMEIRO tribunal da Inquisição realizado no Brasil. Para quem, assim como eu, faltou às aulas de história no colégio, a Inquisição possuía um ritual com intuito de obter a confissão dos pecados. Pecado, nessa época, era qualquer ação contrária ao modo como os povos dominantes interpretavam a Bíblia.

Portugal enviava bispos, visitadores e comissários para ouvir o que o povo da nossa terra tinha para confessar. Esse período, que durava algumas semanas, era chamado de "tempo de graça". Todos os cidadãos podiam (e deviam) confessar os atos que haviam cometido aos inquisidores. No Brasil, as punições iam desde multas e flagelações até alguns poucos casos extremos de morte na fogueira.

A primeira parada da Inquisição foi a Bahia, seguida por Pernambuco. Por fim, retornou ao primeiro estado, em um intervalo de pouco menos de trinta anos.

Os documentos dessa época serviram de base para estudos posteriores. Pesquisadores como Luiz Mott e Ronaldo Vainfas, por exemplo, tiveram a oportunidade de se debruçar sobre tais arquivos e, por meio de um extenso trabalho, vislumbraram a quantidade de pessoas envolvidas e quais eram esses vários pecados. Bruxaria e blasfêmia eram alguns dos principais. No caso de nosso objeto de estudo, a sodomia era mencionada para punir homens que se relacionavam sexualmente com outros homens, especificamente quando existia penetração anal. No caso das mulheres, as relações sexuais homossexuais eram definidas como "sodomia feminina".

As punições no Brasil não raramente envolviam fogueiras, como temos em nosso imaginário graças aos inúmeros filmes sobre o tema mundo afora. Por vezes, havia multas financeiras, açoitamentos na rua e, a depender do caso, até mesmo "penitências espirituais" a serem "pagas" não neste, mas em outro plano astral.

DEPOIS DA INQUISIÇÃO, A ESCRAVIDÃO

COMO CITADO ANTERIORMENTE, sabemos dessas histórias por conta de documentos da época da Inquisição. Vale lembrar mais uma vez que o resgate desse período só foi possível graças aos pesquisadores que se debruçaram sobre tais registros.

Avançando um pouco na história, chegamos ao período da escravidão no Brasil, e daí a conversa é outra. Simplesmente não há registros sobre o período. Em 1890, Rui Barbosa, então ministro da Fazenda, demandou que todos os documentos referentes à escravidão fossem queimados. Na resolução publicada no **Diário Oficial** de 18 de dezembro daquele ano, transcrito aqui com a grafia exata da época, o ministro ordena:

> *Considerando que a Nação Brazileira, pelo mais sublime lance de sua evolução histórica, eliminou do sólo da patria a escravidão — instituição funestissima que por tantos annos paralysou o desenvolvimento da sociedade [...] serão requisitados de todas as thesourarias da Fazenda todos os papeis, livros e documentos existentes nas repartições do Ministério da Fazenda, relativos ao elemento servil, matricula dos escravos, dos ingenuos, filhos livres de mulher escrava e libertos sexagenarios [...] Uma commissão [...] dirigirá a arrecadação dos referidos livros e papeis e procederá á queima e destruição immediata delles.*

Trata-se de um apagamento brutal da história. Então, para que possamos continuar montando nosso quebra-cabeça, precisaremos de todas as peças encontradas por historiadores, antropólogos e outros viajantes que estiveram por aqui. Há dados que mostram que cerca de 5,1 milhões de indivíduos escravizados foram trazidos para cá ao longo de três séculos. Em um estudo feito por ingleses e norte-americanos publicado no site memorial Slave Voyages, o Brasil foi ranqueado como o país que mais traficou pessoas escravizadas entre 1501 e 1867.

O intuito primário da escravidão por aqui era o trabalho braçal. Porém, é fato conhecido que os abusos sofridos pelas pessoas escravizadas abarcavam também os de cunho sexual. Há inúmeros relatos de escravizados usados para a iniciação sexual dos filhos dos senhores de engenho, dinâmica que resvalava em estupro.

Por outro lado, também há relatos de atos sexuais que envolviam afetividade. Existem registros de senhores e escravos que se relacionavam de forma mutuamente prazerosa. Nesses casos, marcados por relações de amor e poder, algumas vezes o envolvimento se dava, por parte do escravizado, em troca de bons tratos e favores.

É importantíssimo revisitar esse "começo de Brasil" para entendermos como chegamos até aqui, mais de quinhentos anos depois. E como se deram essas relações, o que havia por trás dos abusos sofridos por causa de religião, raça e sexualidade. Assim, também podemos afirmar com tranquilidade que sempre existiram pessoas LGBTQIAP+, que nós sempre estivemos aqui, e que, embora determinados períodos históricos tenham tentado nos apagar, nós resistimos. Nós permanecemos.

O AUTOR FEZ UMA INTERPRETAÇÃO LIVRE DO QUE SERIA A IMAGEM DE FELIPA DE SOUZA, ASSIM COMO A DOS OUTROS PERSONAGENS.

Felipa de Souza

A PRIMEIRA MULHER QUE BEIJAVA MULHERES

PARA A INQUISIÇÃO, a "sodomia feminina" era considerada pecado digno de punição. Além desse termo, também existia um outro, usado para definir a prática de relação sexual entre duas mulheres: "amizade nefanda". No primeiro tribunal da Inquisição ocorrido no Brasil, cerca de 29 mulheres foram denunciadas pelo crime de "pecado nefando". Felipa de Souza foi uma delas.

★ 1556
† 1600

Costureira, veio de Portugal para o Brasil. Casou-se com o padeiro Francisco Pires. Também amou mulheres. Naquela época, dizia-se que o sexo lésbico era feito por curiosidade, antes do casamento heterossexual, para que a virgindade se mantivesse intacta. Não era o caso de Felipa, que, atrevida, admitiu seus feitos sem titubear, confessando ter tido ao menos seis mulheres.

O cortejo dela era igualmente destemido. Exalava o mais puro estereótipo do amor romântico. Escrevia cartas para suas amadas. Ganhava na insistência. Para Paula de Siqueira, que também era casada, transpôs suas ternuras para o papel e as enviou ao longo de dois anos. Como dito nos documentos oficiais, eram "cartas de amor" e "requebros". Entregou presentes à outra até Paula ceder e elas chegarem às vias de fato. Saindo vencedora na conquista, Felipa ganhou até um anel de ouro como aliança de compromisso.

Com Maria Lourenço, Felipa inventava desculpas para enganar o marido e ir ao encontro da amante. Era arteira. Quando visitava Maria, fingia estar passando mal para que pudesse repousar ao lado dela na cama. Dentre os documentos inquisitórios, também há o relato de seu envolvimento com Paula Antunes e Maria Pinheiro.

FERRO E FOGO

COMO VIVIA NO BRASIL, Felipa não foi queimada na fogueira como as regras europeias decretavam. Por aqui, sua sentença inquisitiva incluiu jejum espiritual durante quinze sextas-feiras e nove sábados, reza de salmos, ter os bens confiscados e ser expulsa da capitania da Bahia. Também foi decretado que, como multa, pagasse os custos do processo.

Diferente do que acontecia com outros pecados, o escândalo que a relação entre duas mulheres causava era tamanho que elas costumavam ouvir a punição na sala inquisitorial, longe do público curioso. Com Felipa foi diferente: devido ao grande número de casos registrados e ao conhecimento público da situação, ela teve que ouvir toda a sentença durante o auto de fé, na igreja da Sé, em Salvador, e foi açoitada publicamente. Era aquela lógica de colocar uma pessoa como bode expiatório. Entendia-se que, ao mostrar o que aconteceu com ela, outras mulheres teriam medo e não repetiriam tais atos.

O nome de Felipa segue vivo. Existe no Rio de Janeiro, desde 2001, o Grupo de Mulheres Felipa de Sousa. Além disso, desde 1994, a Comissão Internacional dos Direitos

"Felipa de Souza é a mais ousada, persistente e castigada de todas as lésbicas das colônias da América, razão pela qual seu nome foi atribuído ao principal prêmio internacional de Direitos Humanos dos Homossexuais, o chamado 'Felipa de Souza Award', conferido pela International Gay and Lesbian Human Rights Comission de São Francisco, Estados Unidos."

HOMOSSEXUAIS DA BAHIA — DICIONÁRIO BIOGRÁFICO (SÉCULOS XVI-XIX)

LGBTQIAP+, OutRight Action International, realiza uma premiação chamada Felipa de Souza Award, que reconhece pessoas envolvidas na luta LGBTQIAP+ que se destacaram em cada ano.

Ela foi a escolhida para representar o prêmio por conta de seu orgulho e sua coragem. O Brasil apareceu duas vezes na premiação: em 1995, quando o prêmio foi para o cientista social Luiz Mott, e em 2002, quando a ativista Elizabeth Calvet foi coroada de forma póstuma por suas contribuições ao movimento.

Francisca (Xica) Manicongo

A MOÇA DA SAIA RODADA

POUCO SE SABE SOBRE Francisca Manicongo. Em registros antigos, ela sempre aparece como Francisco Congo ou Manicongo, ainda que provavelmente não gostasse de ser chamada assim. É tida como a primeira transexual brasileira. Veio em navio negreiro e, segundo algumas fontes, atuava como sapateira. Segundo outras, trabalhava na casa do sapateiro Antônio Pires, em Salvador, e se recusava a vestir as roupas masculinas que recebia do patrão.

O pecado de Xica foi ter uma genitália masculina e ainda assim ser Francisca. Como escrito nos documentos da Inquisição, pecava por exercer "o ofício de fêmea", por "fingir ser de diferente estado e condição". Foi denunciada duas vezes.

Na primeira, por um homem escravizado, propriedade de jesuítas, que não se conformava em ver Xica performando uma figura feminina.

Na segunda, por Matias Moreira, um cristão com idade já avançada que viera de Portugal e alegava que as vestes de Francisca não condiziam com seu gênero.

Fato interessante é que em nenhum dos casos o motivo da acusação estava diretamente relacionado à sodo-

★ SÉCULO XVI

† SÉCULO XVI

mia. A questão com ela era o modo como se portava. As roupas que vestia. O grande foco não era o ato sexual em si. Este foi só mais um dos desafios que ela enfrentou.

COSTUMES LOCAIS

XICA VEIO DO CONGO, daí seu sobrenome — por questões culturais, em seu país a questão de ter uma genitália masculina e utilizar roupas femininas não era encarada da mesma forma que aqui. Principalmente medindo pela régua da moralidade religiosa que a Inquisição pregava no Brasil.

Frequentemente era repreendida, pediam que trocasse suas roupas. Afrontosa, no dia seguinte estava novamente com suas vestes.

Luiz Mott, responsável por elucidar esses documentos e permitir que construíssemos estes retalhos de narrativa, definiu Xica como "o homossexual mais corajoso de que se tem notícia neste começo de nossa história". Aliás, ainda se discute se Xica era um homem gay que vestia trajes femininos ou uma travesti. Para esta história, seguimos com os documentos que a entendem como parte da última categoria.

A história de Xica pode ser estudada sob diversos pontos de vista: há o viés da escravidão; o fato de ela ter sido um corpo transexual ainda no despertar de um país colonizado; a forma com que pecado e crime se confundiam — dinâmica que prejudica a comunidade LGBTQIAP+ até os dias de hoje; e o impacto entre duas culturas, evidenciando a dificuldade que determinados povos têm de entender que diferentes regionalismos e vivências podem coexistir no mesmo momento histórico.

O que eu queria mesmo era vê-la dançando. Rodopiando seus vestidos e batendo os sapatos no chão em um compasso gostoso de música. Livre em todas as dimensões da palavra. Livre para ser ela mesma. Para ser Xica.

Se na época de Xica eu vivesse, a vontade que me passa pela cabeça era a de dizer para todos ao seu redor: "Deixa Xica vestir essa saia, deixa Francisca rodar esse vestido, deixa Francisco ser Xica". E para ela, diria apenas: "Vai Xica, roda. Vai Xica, dança".

Luiz Delgado O "SODOMITA" INCORRIGÍVEL

LUIZ DELGADO ESTAVA PRESO. O jovem violeiro baiano de 21 anos cometera um furto ao lado de seu irmão, João. Foram pegos e cumpriam pena na cidade de Évora, em Portugal.

★
1644

✝
?

Luiz tinha uma noiva, Esperança. Esperança tinha um irmão, novinho de tudo, Brás Nunes. Pequeno, magro, conseguia atravessar até mesmo as grades de uma cela — e foi o que fez. Visitava Luiz, se encolhia para entrar na prisão e ambos praticavam o dito amor "sodômico". "Esta noite vos hei de fazer o traseiro em rachas" foi uma das frases que um certo preso ouviu vindo da cela em que estavam Luiz e Brás.

Luiz foi levado para o tribunal da Inquisição e acusado a partir de uma carta anônima assinada por outros presos. Daria para imaginar Luiz dizendo: "Não há nada acontecendo aqui, não, seu bispo, foi tudo um grande mal-entendido". Acontece que o violeiro tentou convencer o tribunal inquisidor dizendo algo nesta linha: "Não houve aqui qualquer ato de penetração. Sabe o que é? Brás Nunes me lembra muito Esperança e só eu sei a saudade que tenho dela". Ao todo, conseguiu convencer um total de zero pessoas.

Foi condenado. Três anos de degredo em Bragança, também em Portugal, ficando proibido de colocar os pés em Évora pelos próximos oito. Acabou-se também a esperança — com o perdão do trocadilho. O noivado foi desfeito. Cumpriu a pena e veio para o Brasil viver no Maranhão. Depois foi para Salvador e passou a vender tabaco. Casou-se com Florença Dias Pereira, que reclamava da pouca interação sexual com o marido.

JÁ TIVE HOMENS DE TODAS AS CORES

A VENDA DE TABACO prosperava. Para os amantes, Luiz dava anéis de ouro, pagava-lhes o aluguel, comprava roupas e todo tipo de presentes.

José Nunes, soldado: foram vistos saindo da parte de trás do convento de São Bento, ambos suados.

Manuel de Sousa, ora apresentado como sobrinho, ora como criado quando estavam em público: foi seu amante por um longo período.

José Gonçalves, natural de Lisboa, estudante de latim: cometiam atos de masturbação mútua, beijos e abraços.

Doroteu Antunes, ator de dezesseis anos que fazia o papel de mulheres em peças teatrais: Luiz assistiu à sua peça e se apaixonou de imediato. Retirou o menino da casa dos pais. Viveram juntos. Foram presos e enviados para Portugal, onde Doroteu sofreu pena leve por ter sido o passivo da relação. Luiz Delgado, ativo, foi torturado e deportado para Angola. E nunca mais se ouviu falar dele.

Luiz teve muitos amores. Tentou seduzir outros tantos, que pouco ligaram para ele. Algumas de suas relações implicavam questões condenáveis de idade. Foi diversas vezes para a prisão. Era corajoso e dissimulado perante o arcebispo inquisidor — para quem o violeiro gay, dono de uma tabacaria, era um "sodomita" que não fazia mais sentido ser preso. Era um sodomita incorrigível.

O criminoso sexo entre pessoas do mesmo sexo

A VIRADA PARA OS ANOS 1900 continuou marcada pela perseguição religiosa e pelas consequentes punições aos atos homossexuais, que chegaram a ser incluídas no Código Penal brasileiro. Embora a punição por sodomia houvesse sido descartada dos documentos oficiais, ela voltaria com uma nova roupagem chamada de crime "contra a segurança da honra e honestidade das famílias" e também "contra a moral e os bons costumes". Sem qualquer menção à palavra "homossexualidade" e suas variáveis, qualquer ato realizado entre pessoas do mesmo gênero em público estava sujeito a ser enquadrado nas novas facetas do Código Penal. O crime poderia render de dez a quarenta dias na prisão.

No caso do que se chamava de "travestismo", ou seja, o ato de se vestir com roupas vistas como pertencentes ao gênero oposto ao de nascimento, a pena ia de quinze a sessenta dias na cadeia. Obviamente, havia aqueles que tripudiavam dessas normas — este livro, inclusive, busca homenagear essas pessoas.

Uma delas foi Dina Alma de Paradeda. Nasceu em berço de ouro no ano de 1871 e, embora não se saiba ao certo, documentos indicam que seus pais, ambos cônsules, vinham do Brasil e da Espanha. Ainda no Brasil, Dina começou a utilizar vestes femininas e se mudou para a Europa quando tinha cerca de trinta anos. Noiva de um alemão, acabou tendo um destino trágico: suicidou-se quando sua sexualidade começou a ser questionada pelos amigos do marido. Na Alemanha, um livro de ficção foi escrito sobre sua vida. O título, em tradução livre, seria **Diário de uma noiva masculina**.

Dina viveu num Brasil (e também numa Europa) onde se pagava com multas e prisão por ser quem se era. Imagine quantas pessoas sequer chegaram a ter a chance de se experimentar?

Em 1932, algumas mudanças começaram a acontecer ainda no âmbito do Código Penal brasileiro. A partir daquele ano, começara a ser proibida a circulação de livros, jornais e periódicos que tivessem conteúdos entendidos como um "ultraje público ao pudor". A mesma lei dava munição para que a polícia detivesse o material e aplicasse punição a quem cometesse o que entendiam como um desvio da moral vigente. A pena ia de multa a cadeia. A sentença: de seis meses a dois anos de prisão.

Em 1940 foi a vez de as peças teatrais e produções cinematográficas que mencionavam a homossexualidade sofrerem perseguições. De novo, não havia artigos dirigidos especificamente às pessoas LGBTQIAP+.

HOMOSSEXUALIDADE: UM CASO CLÍNICO

SAINDO UM POUCO DO ESPECTRO da lei, outra forma de perseguição que passou a haver contra pessoas LGBTQIAP+ foi a psiquiátrica. O entendimento da homossexualidade como "uma figura clínica" havia sido introduzido em 1869, na Alemanha. Foi nessa época que a homossexualidade começou a ser tratada como doença e perversão sexual. No livro **Devassos no Paraíso**, João Silvério Trevisan menciona uma tese escrita em 1928, na Faculdade de Medicina de São Paulo, em que o médico-legista Viriato Fernandes Nunes critica a homossexualidade (sob a alcunha de "homossexualismo") como um crime de pessoas que "têm perturbadas as suas funções psíquicas". O autor também cita outro médico-legista, Aldo Sinisgalli, que vai além e diz que "o homossexualismo é a destruição da sociedade".

Também foi de Sinisgalli a ideia, infrutífera, de criar um instituto exclusivo para "pederastas criminosos". Talvez aí tenha começado a patifaria da ideia de cura gay no Brasil.

Embora o instituto não tenha sido efetivamente criado, tentativas de "correção de desvio" eram constantes. Na década de 1930, tratamentos hormonais eram aplicados por psiquiatras e endocrinologistas para curar a "doença gay".

Febrônio Índio do Brasil foi um dos que passaram por tratamentos para "curar" sua "pederastia". Como havia cometido crimes, foi enviado para um manicômio judiciário no Rio de Janeiro — espécie de hospital para quem possuía transtornos mentais e estivesse em fase de julgamento por algum crime —, onde acabou ficando internado por mais de cinquenta anos até a ocasião de sua morte, em 1984.

UM PAÍS CRESCENTE E OS COSTUMES DA ÉPOCA

COMO SABEMOS, A HISTÓRIA não é nem um pouco linear. Vários fatos de diferentes âmbitos ocorrem simultaneamente em um mesmo local. E, claro, era assim no Brasil do início do século XX.

Além dos já mencionados aspectos envolvendo saúde pública e política, mudanças econômicas também estavam em curso no Brasil. A população de cidades como Rio de Janeiro e São Paulo aumentava em ritmo acelerado. A industrialização crescente do país acelerava a urbanização das áreas rurais, que começavam a dar espaço a novas cidades.

No livro **Além do Carnaval**, o pesquisador James N. Green relata que as noções de gênero no Brasil foram se cristalizando a partir dessa época. As mulheres começaram a deixar a figura de dona de casa de lado e passaram a entrar no mercado de trabalho formal, nas indústrias. Houve até mesmo uma modificação nas vestes femininas nesse período, o que era visto como "masculinização".

Em seu estudo **Mulheres engravatadas: Moda e comportamento feminino no Brasil, 1851-1911**, o historiador e mestre pela Universidade de São Paulo, Guilherme Domingues Gonçales, diz que, até um pouco antes desse período, apenas mulheres da elite conseguiam usar peças tidas como restritas ao vestuário masculino: "Mulheres ricas [...] podiam se vestir com roupas masculinas sem ter contra si a ira da sociedade ou preocupações com a polícia", afirma. Na sociedade patriarcal da época, o ato de mulheres saírem da norma para fortalecer o masculino, embora não fosse visto com bons olhos, era interpretado como um reforço positivo à masculinidade e, portanto, mais aceito do que homens "se feminilizando".

Alguns anos depois, porém, certo nível de permissividade começou a surgir dentro da comunidade LGBTQIAP+. Se antes os homens homossexuais se encontravam em praças e locais escondidos para conseguir se relacionar com iguais, nesse período, por volta de 1950, começaram a surgir bares que recebiam um público que já se entendia como gay. Foi o momento em que uma noção de pertencimento e comunidade começa a ter vez.

Em São Paulo, o bar Anjo Azul e a Galeria Metrópole foram adotados pelos gays da região central como locais para frequentar. Não existia fachada nenhuma dizendo que o local era gay, mas quem precisava saber, sabia!

Com esses espaços ganhando cada vez mais força, pessoas até então isoladas começaram a se unir, o que fez com que um entendimento de comunidade ganhasse seus primeiros contornos. A cena LGBTQIAP+, que naquele momento era pensada principalmente para homens gays, começou a ter outras cores e corpos. Pessoas começaram a se agrupar. Tornaram-se movimentos. Era chegada a hora de dar outra roupagem para essa história que até o momento contava com mais perdas do que vitórias.

Madame Satã

A PRIMEIRA ARTISTA TRAVESTI

1932. A FICHA CRIMINAL de João Francisco dos Santos, a Madame Satã, diz:

> *Desordeiro. Pederasta passivo. Usa suas sobrancelhas raspadas e adota atitudes femininas, alterando até a própria voz. Não tem religião alguma. Fuma, joga e é dado ao vício da embriaguez. Exprime-se com dificuldade e intercala, em sua conversa, palavras da gíria de seu ambiente. É de pouca inteligência. Não gosta do convívio da sociedade por ver que esta o repele, dados seus vícios. É visto sempre entre pederastas, prostitutas, proxenetas e outras pessoas do mais baixo nível social. Inteiramente nocivo à sociedade.*

 1900

 1976

Madame Satã é uma figura emblemática na história brasileira, sobretudo na trajetória da comunidade LGBTQIAP+. Havia locais em que seu nome era tratado no masculino, por conta do aspecto viril de sua imagem e pelo fato de nem sempre usar vestes femininas. Para ela, o título de drag queen também não bastava: ela brilhava nos palcos, mas também tinha uma vida fora dele. Ela foi tudo isso e mais. Em suma, brincou com toda e qualquer denominação que tentamos entender. Rompeu com qualquer estereótipo, nunca cabendo em nenhuma caixinha em que tentaram colocá-la.

Aqui, porém, vamos utilizar o conceito atribuído a ela no livro **Enciclopédia negra**, de Flávio dos Santos Gomes, Jaime Lauriano e Lilia Moritz Schwarcz. Com todas as suas particularidades, afinal, pode ser considerada a primeira artista travesti do Brasil.

Para entender sua história, é preciso ter em mente que falamos de um Brasil difícil — quando Madame Satã nasceu, em Pernambuco, a Lei Áurea fora assinada havia apenas doze anos, em 1888.

Sua avó era escravizada. A doméstica Pilama Brasília Casú se envolvera com o filho de seu proprietário e dera à luz o pai de Madame Satã, Manuel Francisco dos Santos. A mãe de Madame Satã, Firmina dos Santos, também era filha de ex-escravizados. Juntos, Manuel e Firmina tiveram João Francisco dos Santos — Madame Satã — e mais dezesseis filhos.

Manuel faleceu e Firmina foi expulsa da fazenda. A peregrinação de Madame Satã começa aí. Sem dinheiro para sustentar todos os filhos, a mãe a trocou por uma égua para conseguir alimentar os outros. O dono do animal se chamava Lauriano e prometera dar estudos para a criança. Madame morreu analfabeta, o que já nos permite perceber que a promessa não foi cumprida. Na fazenda, ela vivia em um esquema análogo à escravidão, e passava o dia cuidando dos cavalos de Lauriano.

Era afrontosa; não havia nascido para repetir a história de seus antepassados. Fugiu da fazenda em Pernambuco e foi para o Rio de Janeiro com uma senhora que também lhe prometera apoio e algum tipo de futuro.

No caso de Madame, a sorte nunca parecia estar a seu lado, e aos treze anos ela se tornou uma espécie de faz-tudo na casa da mulher que a iludira. Lavava e cozinhava muito bem (pelo menos era o que se diria anos depois). E assim, mais uma vez, a história da escravidão se repetia.

Fugiu de novo. Trabalhou como garçonete, vendedora ambulante e fez bicos variados. Conseguiu um local para morar na região central do Rio, no chamado Beco do Rato, mais precisamente na rua Morais e Vale, número 25, no que hoje é um sobrado de porta e janelas vermelhas sem qualquer menção à sua histórica moradora.

Madame também lutava para ajudar os seus: negros, pobres, travestis, bichas, prostitutas e moradores de rua. Além dos diversos trabalhos que acumulava, cuidava da pensão em que acolhia as mesmas minorias citadas. Como era de se esperar, quem não gostou foi a polícia. Acusada de cafetinagem, foi levada à delegacia e apanhou.

Mas, como sabemos, Madame não era obrigada a nada. Era acintosa, decidida. E desceu o sarrafo no policial que a abordou. Absolvida pelo ato da cafetinagem, pegou um ano e meio de prisão por desacato. Essa seria a primeira das muitas sentenças que, ao todo, a fizeram passar 27 dos 76 anos que teve de vida atrás das grades. Foram 26 processos por variados motivos. Como desacato, brigas — e o assassinato de duas pessoas.

Matou um policial quando tinha 28 anos. Aos 55, deu um soco no cantor Geraldo Pereira, tão forte que fez com que ele batesse a cabeça no meio-fio e morresse. Nesse segundo caso, foi absolvida.

A relação complexa que tinha com a polícia a obrigou a fugir mais uma vez, agora rumo a São Paulo. Não seria a última fuga de sua vida. Em terras paulistas, viveu escondida em uma fazenda de café. Foi escravizada outra vez. E fugiu de novo, voltando ao Rio de Janeiro, onde foi parar na região da Lapa, que era o local de expressão máxima para todos aqueles por quem Madame Satã lutou.

MULATA DO BALACOCHÊ

NO MEIO DE TANTAS TRAGÉDIAS, a arte aparecia vez ou outra para salvá-la.

Entre as figuras históricas que Madame Satã conheceu morando no centro do Rio estava Carmen Miranda. Viraram amigas, a ponto de Madame Satã chamá-la pelo apelido de Bituca. As performances de Carmen faziam seus olhos brilharem. Queria ser igual.

Na vida boêmia, se enturmou com músicos famosos da época: Noel Rosa, Araci de Almeida e Sara Nobre, que a incentivou a seguir vida artística.

A própria alcunha Madame Satã, segundo uma das versões que explicam o surgimento do nome, teria vindo do filme homônimo do diretor Cecil B. DeMille, conhecido por **Crepúsculo dos Deuses**, **Cleópatra** e **Sansão e Dalila**.

Madame Satã começou a se apresentar. Na praça Tiradentes, fazia seu número montada como seu alter ego Mulata do Balacochê. Ali vivenciava toda sua feminilidade. Antes de ser comum qualquer noção de transformista ou drag queen, era no palco que ela performava uma figura mais feminina, completamente distante da imagem de "macho-brigão" do dia a dia.

Em 1974, aos 74 anos, estrelou a peça **Lampião no inferno** ao lado de Elba Ramalho e Tânia Alves, mas era seu nome que tinha destaque no cartaz. Foi um dos poucos momentos de sua vida em que teve um reconhecimento midiático mais intenso. Sua fama era mesmo nas ruas.

Viria a falecer dois anos depois. Pegou uma pneumonia e não conseguiu se curar. Foi enterrada da forma que pediu, com seu icônico chapéu-panamá e rosas vermelhas sobre o caixão.

Continue por aqui
ASSISTA À CINEBIOGRAFIA MADAME SATÃ, DE 2002, DE KARIM AÏNOUZ, COM LÁZARO RAMOS.

Lota de Macedo Soares

A IDEALIZADORA DO ATERRO DO FLAMENGO

ESTA HISTÓRIA NÃO COMEÇA no Brasil, mas sua personagem principal não poderia ser mais brasileira. Maria Carlota Costallat de Macedo Soares nasceu em Paris meio por acaso: seu pai, José Eduardo de Macedo Soares, carioca de São Gonçalo, trabalhava como primeiro-tenente da Marinha e, em 1910, estava alocado na Europa com a esposa grávida, que viria a dar à luz Lota na capital francesa.

★ 1910
† 1967

O período europeu foi breve, e em 1912 a família voltou ao Brasil. José Eduardo deixou a Marinha para lançar um jornal, **O Imparcial**, uma publicação com viés de alta criticidade política, o que lhe renderia a prisão.

Mas o pai de Lota passaria pouco tempo na cadeia. Conseguiu fugir, reuniu a família e buscou exílio político na Europa. Lota tinha treze anos nessa época, e voltava pela primeira vez para a Europa desde seu nascimento. Dessa vez, foram morar na Bélgica. Nesse período, estudou em um colégio interno, onde permaneceu até os dezoito anos, quando retornou novamente ao Brasil.

Por muito tempo, Lota intercalou estadias no Brasil, em países da Europa e nos Estados Unidos. Aqui, uma Lota no começo da vida adulta ingressou no curso de pintura ministrado por Cândido Portinari. Um de seus colegas era o paisagista Burle Marx, que teria um papel importante no futuro da moça. Ou seja, Lota era munida de grandes referências intelectuais e possibilidades para suas criações.

Também era a figura que destoava de sua família. Vinha de um contexto tradicional demais. Sua irmã, por exemplo, chegou a falar publicamente, certa vez, que Lota parecia uma "mulher-macho" por conta de suas roupas.

DIGNA DE RECORDES

LOTA SE RELACIONAVA com mulheres. Se posicionava. O Brasil não estava preparado para valorizar trabalhos feitos por uma mulher, ainda mais uma mulher lésbica, mesmo que fizesse parte da elite do país.

Prova disso é que Lota segue em grande parte desconhecida, mesmo tendo sido uma das criadoras do Aterro do Flamengo, considerado o maior aterro urbano do mundo.

A obra é gigantesca. Foi idealizada por ela, projetada pelo arquiteto Affonso Eduardo Reidy e teve Burle Marx a cargo do paisagismo. Na época, não se sabia ao certo o que fazer com a área aterrada: liberar o espaço para tráfego de veículos? Criar um novo bairro?

Lota fez uso de experiências que acumulou durante um período em que viveu em Nova York para defender que o local se tornasse um parque urbano como o Central Park.

Teve a obra finalizada, mas ao custo de também romper o relacionamento que mantinha com sua companheira, a escritora americana Elizabeth Bishop. Durante aquele período, Lota acumulou funções demais, passou a ter brigas com a equipe de trabalho e foi tornando a convivência com seus próximos difícil demais.

UMA HISTÓRIA DE AMOR ENTRE MULHERES

A HISTÓRIA DE LOTA E BISHOP começou em Nova York. Lota viajou aos Estados Unidos para acompanhar um evento de Portinari. Apaixonou-se pela cidade, onde conheceu uma mulher encantadora chamada Mary Morse. Começaram uma relação algum tempo depois, quando Lota decidiu arrumar as malas, deixar o Brasil e se mudar para perto de sua amada.

Mary tinha uma amiga escritora, que apresentou a Lota, e esse foi o início de um triângulo amoroso entre Bishop, Morse e Lota. Mas isso não ocorreu de imediato — a história foi se consumar apenas quando as três estavam no Brasil — e elas nunca estabeleceram de fato um relacionamento a três: era Lota quem unia os dois elos.

Foi por conta de Lota que Bishop viveu no Brasil. Gostava de Petrópolis, amava Ouro Preto e odiava o Rio de Janeiro. João Silvério Trevisan, no livro **Devassos no Paraíso**, chega a dizer que aquela relação era de certa forma inédita. Tratava-se de um relacionamento entre mulheres que levou uma estrangeira a vir para o Brasil por conta de sua amada. Pode ter havido outros casos, obviamente, mas que não foram difundidos como ocorrera com Lota e Bishop.

A relação durou quinze anos. Segundo Bishop, os melhores de sua vida. Foi também uma relação intensa. Bishop era alcoólatra. Já Lota foi entregando sua vida ao trabalho. Entrou em depressão. Desenvolveu labirintite ao ponto de ficar um período internada.

Elas começaram a ter graves crises de ciúmes, o que acabou deteriorando a relação e fez Bishop voltar aos Estados Unidos. Lota estava cada vez mais deprimida, mas foi atrás da amada.

No apartamento de Bishop, Lota tomou um vidro inteiro de um medicamento de uso controlado. Chegou a ficar em coma, mas acabou morrendo em 25 de setembro de 1967, dois anos depois da inauguração de seu famoso aterro.

Bishop recebeu o apartamento do Rio de Janeiro como herança. Lota havia preparado seu testamento pouco antes de tomar a decisão do que faria a seguir, já em Nova York. No texto que escreveu, também havia uma citação do filósofo Voltaire: "Se o bom Deus existir, ele há de me perdoar; é o seu trabalho".

Esta é a história de alguém que criou, idealizou e conquistou um feito gigantesco para o Rio de Janeiro. Também é a história de alguém que, acima de tudo, amou.

Continue por aqui
ASSISTA AO FILME FLORES RARAS, EM QUE GLORIA PIRES DÁ VIDA A LOTA DE MACEDO.

"No teu cabelo negro
brilham estrelas
cadentes, arredias.

Para onde irão elas
tão cedo, resolutas?

– Vem, deixa eu lavá-lo,
aqui nesta bacia
amassada e brilhante
como a lua."

POEMA DE ELIZABETH BISHOP EM
HOMENAGEM AO SEU RELACIONAMENTO
COM LOTA DE MACEDO SOARES.

Rogéria A TRAVESTI DA FAMÍLIA BRASILEIRA

PARA GERAÇÕES DE BRASILEIROS, Rogéria foi uma figura mítica da TV brasileira. Acostumado a sempre vê-la nos programas televisivos, eu tinha nela a referência de alguém muito chique. Sabe aquelas pessoas que você imaginava levantando o dedo para tomar chá? Que andava com livro na cabeça para melhorar a postura? Que sabia qual taça servia para quê, a ordem dos talheres, que nunca deixava o cotovelo sobre a mesa? Em suma, o cúmulo da pessoa elegante.

★ 1943
✝ 2017

Rogéria era uma mistura de referências e transgressões. Cantava, dançava, apresentava e atuava. Gostava de ser chamada de artista. Geminiana, mudava com frequência e conseguia ser muitas. Era também Astolfo, Rogério e lidava bem com seus nomes e as definições de sua sexualidade.

Carioca, nasceu no município de Cantagalo, como Astolfo Barroso Pinto. Diz não ter nascido, mas estreado. Queria a fama desde cedo.

Começou a carreira nos bastidores como maquiadora. Havia sido contratada na TV Rio pelo maquiador oficial de Chico Anysio. De origem simples, guardava seu material de trabalho em uma caixa de sapatos. Por volta de 1962, certa vez encontrou Jô Soares e o apresentador chegou a fazer alguma piada com esse fato. Ela respondeu na hora: mesmo com aquela caixa de sapatos, só ela conseguia fazer de um tijolo um blush. Anos depois, em 2016, ela se encontraria com Jô no sofá para ser entrevistada. Em determinado momento, seu peito escapuliu da roupa e ambos riram do acontecimento.

ROGÉRIA COM A

JÁ MAIS FAMOSA, trabalhou com Fernanda Montenegro, por quem era grata pelas trocas que tiveram sobre arte, e também com Maysa, Emilinha Borba e Ângela Maria, celebridades desde aquela época. Porém, foi a atriz do programa de Chico, Zélia Hoffman, que desempenhou o papel mais importante na vida de Rogéria. Ela achava Astolfo um nome formal demais, e sugeriu a troca por Rogério. A maquiadora gostou. A troca da vogal *o* pela *a* se deu em um concurso do qual participou. Anunciada pelo apresentador como Rogério, o público começou a gritar "Rogéria, Rogéria". Batizada pelo público, assim ficou. Certa vez disse não ser transexual, mas uma artista que se sentia mulher. Não era dada a rótulos. Todavia, se autointitulou "a travesti da família brasileira" por estar no ar em horário nobre.

A transição de Rogério, maquiador, para Rogéria, diva do teatro e da TV, se deu com a ajuda de Bibi Ferreira. A atriz consagradíssima convidou Rogéria para cantar ao lado dela na TV Tupi, em 1966. Juntas, cantaram "Balanço Zona Sul". Dali, não parou mais. Foi chamada para trabalhar com Carlos Machado — o produtor era responsável pela criação de várias casas noturnas, cantoras e vedetes — e estrelou a peça **As Pussy Pussy Cats**.

Depois, trabalhou para o Teatro Rival, na retomada que o estabelecimento teve com as vedetes travestis conhecidas como Divinas Divas. Na TV Excelsior, fez um programa-piloto chamado **Quem tem medo de Rogéria?**, que foi cancelado por conta da ditadura.

Depois de alcançar o ápice que tanto almejara no Brasil, partiu para Angola, onde realizou sete shows ao lado do coreógrafo e bailarino Denis Duarte, depois foi para Moçambique. Em Barcelona, trabalhou por cerca de seis meses em teatros com shows e musicais semelhantes aos que fazia aqui. Até que foi denunciada por estar se apresentando em um palco usando peruca e maquiagem, coisa que então homem não podia fazer por lá. Foi nessa época que começou a tomar hormônios femininos.

Sugeriram então que fizesse a cirurgia de transgenitalização, para que pudesse continuar se apresentando, mas Rogéria não via sentido nisso. Em depoimento para sua biografia, escrita por Marcio Paschoal, ela conta que recusou a sugestão, dizendo que "a mulher não é órgão genital, a mulher está dentro de mim".

Da Espanha, partiu para outros locais do mundo: foi à França e depois à Itália, sendo apresentada nos shows como *la brasiliana*. Seguiu depois para o Irã, o Egito e, em 1973, retornou ao Brasil em grande estilo. Apareceu em uma coluna social e, para a revista **Manchete**, deu uma entrevista sob o título "Rogéria, esta mulher era um homem". Seu corpo agora era mais feminino do que nunca.

Seguiu na carreira artística, atuando nas novelas **Tieta**, em 1989, e **Duas caras**, em 2007, e em filmes como **Enfim sós... com o outro**, em 1968, e **Copacabana**, em 2001. Ou seja, passou gerações aparecendo na TV.

SÓ QUEM VIVEU SABE

NA VIDA PESSOAL, Rogéria escondia nomes de famosos com os quais se envolveu. Mas falava dos três homens mais importantes de sua vida amorosa. Dizia ter tido um amor e duas grandes paixões.

O grande amor de sua vida surgiu quando ela tinha dezenove anos, e se chamava Múcio. Eles se conheceram em um baile de Carnaval. Namoraram e passaram a viver juntos. Durou três anos e meio. O relacionamento acabou quando ele a colocou contra a parede para escolher entre o casamento e o palco. Pedido injusto demais para quem sonhava com tudo aquilo que ainda viria a ter.

Das paixões, a primeira foi com o empresário Vadico, que durou um ano. Tiveram intensas brigas que envolviam tapas na cara e ciúmes. Já com Mariel Mariscot, policial que a viu no palco e se apaixonou, ficou mais de um ano, mas vivendo no melhor esquema "hétero no sigilo". Acabou quando ele trocou Rogéria por outra travesti. "Uma semana e eu [o] havia esquecido", revelou também em sua biografia.

Rogéria faleceu em 2017, aos 74 anos. Estava com uma infecção urinária e sofreu um choque séptico. Em sua vida, era alguém que amava intensamente, que corria atrás dos sonhos com todas as forças, que não fugia de nenhuma pergunta e lançava sem titubear frases de efeito em entrevistas, que parecia não se importar com a opinião dos outros, que era tão forte que, se não cabia num lugar, construía seu próprio espaço.

Continue por aqui
ASSISTA AOS DOCUMENTÁRIOS ROGÉRIA: SENHOR ASTOLFO BARROSO PINTO E DIVINAS DIVAS.

"Só gostaria que ela [a morte] me avisasse três horas antes. E que não viesse na forma de caveira, com foice, mas como o fantasminha Pluft [...]. Queria ser enterrada num caixão de vidro. Antes que endurecesse, as bichas me esticariam. Meu irmão faria a maquiagem. Na lápide, estaria escrito: 'Aqui jaz a maior estrela do transformismo nacional'."

REVISTA CANAL EXTRA (2013)

O golpe que derrubou o país e o nascimento do movimento LGBTQIAP+

HÁ, EM DIVERSAS passagens deste livro, citações ao período da ditadura militar no Brasil. Foi um momento determinante para a criação dos movimentos LGBTQIAP+ no país e para que as lutas por direitos se estabelecessem de forma organizada. Era o que dava para ser feito. O que precisava ser feito. Ou lutávamos ou morríamos.

O período de efervescência da comunidade e da cena noturna LGBTQIAP+ perdeu força a partir do golpe de 1964. A onda de singela permissividade logo deu espaço ao retrocesso, selado pela morte da democracia e pelo avanço da luta conservadora "em prol da moral e dos bons costumes".

Claro, as noções de gênero seguiram avançando e novas cores iam surgindo no arco-íris, assustando a sociedade vigente. Mas, com a ditadura instaurada, tudo passou a ser proibido: o que era feito entre quatro paredes virou algo que devia ser perseguido pelos militares. No âmbito cultural, filmes, peças e músicas eram vetados. A parte da sociedade que desvirtuava a heteronormatividade sangrava.

A princípio, travestis e prostitutas ficaram sozinhas na linha de frente desse embate, e existiam operações específicas que as atacavam diretamente. De acordo com um documento feito para a exposição Orgulho e Resistências: LGBT na Ditadura, realizada entre o Memorial da Resistência de São Paulo e o Museu da Diversidade Sexual, com curadoria do professor e ativista Renan Quinalha, operações policiais eram criadas de forma higienista para retirar essas pessoas da rua e, como numa espécie de caça às bruxas, torturá-las, estuprá-las, prendê-las ou matá-las. Muitas dessas operações foram batizadas com nomes que evidenciavam sua intenção de higienização moral: Operação Boneca, Operação Limpeza, Pente-Fino e Arrastão. O mesmo se deu com a chamada "Lei da Vadiagem": criada em 1941, inicialmente condenava pessoas que não possuíam uma renda que lhes assegurasse meios de subsistência. No período da ditadura, quando transexuais e homossexuais eram caçados até mesmo em casas noturnas, tais leis podiam ser usadas para criminalizá-los. Essas leis e operações permitiam ao Estado fazer o que bem entendesse com a população LGBTQIAP+.

A TENTATIVA DE VOLTA POR CIMA

A ÚNICA FORMA DE COMBATER o horror e os maus-tratos do período era por meio da união. Como o próprio Renan Quinalha aponta: "Onde há repressão, [...] as resistências não faltam". Ainda na década de 1970, os grupos de resistência e publicações de periódicos especializados começam a ganhar força, formando uma nova contracultura do país.

Do lado político, o Grupo Somos foi o primeiro a olhar para os direitos dos homossexuais. Criado em 1978, era o embrião do movimento homossexual brasileiro. Daí viriam os movimentos voltados para mulheres lésbicas, pautados em avanços do movimento feminista, e, mais para a frente, os direitos de travestis e transexuais. Os encontros aconteciam em locais como bares e outros espaços de resistência que voltaram a surgir.

No mesmo ano foi lançado o **Lampião da Esquina**, jornal de contracultura e documento histórico importante que lutava pelas pautas dos movimentos sociais.

Nas artes cênicas, as Divinas Divas estavam no teatro trazendo um show com temas que podiam ser menos políticos, mas elas próprias eram corpos políticos ocupando o palco do Teatro Rival. Para o dramaturgo, ator e diretor José Celso Martinez Corrêa, o Zé Celso, e seu Teatro Oficina, a intenção era incomodar, fazer a população refletir por meio de suas peças sobre os tempos mórbidos que estavam vivendo. Foi detido e se exilou em Portugal. Também havia os Dzi Croquettes, grupo de teatro composto por treze homens que se apresentavam com barba, pernas peludas e trajes femininos, indo na linha do deboche. Criaram uma forma de resistência no palco diferente de tudo que era visto na época.

ENQUANTO ISSO, NOS EUA

APESAR DO CONTEXTO BRASILEIRO ter características muito próprias, as inspirações para a criação desses movimentos de luta não tinham raízes apenas nacionais. O paradoxo entre liberdade sexual versus um surto conservador acontecia em outros locais do mundo. Em 1969, nos Estados Unidos, se deu a Revolta de Stonewall, que foi de extrema importância para todo o movimento LGBTQIAP+ mundo afora e responsável por uma noção de identidade que continua a se fortalecer até hoje.

Localizado em Nova York, o bar Stonewall Inn era um local onde pessoas LGBTQIAP+ conseguiam se encontrar e se divertir, e isso durante um período em que algumas práticas sexuais também eram consideradas crimes por lá. No dia 28 de junho, policiais aproveitaram um momento em que o bar estava cheio para prender pessoas no local e humilhá-las. Foi quando o público se revoltou e começou a atirar o que encontrava pela frente contra os policiais. As ativistas transgênero Marsha P. Johnson e Sylvia Rivera foram nomes de destaque, sendo consideradas as primeiras pessoas a jogarem pedras contra eles.

Um ano depois, cerca de 10 mil pessoas voltaram ao local para comemorar o que havia acontecido ali — era o início das paradas LGBTQIAP+. É por isso que junho é mundialmente conhecido como o #PrideMonth (o Mês do Orgulho).

No Brasil, houve identificação com essa história de luta, já que o cansaço e a raiva pelo que vivíamos também dominavam parte da população, e isso se transformou em força. Ainda tínhamos chão de ditadura. O tenebroso período duraria até 1985.

Como herança desse período, temos a naturalização das violências contra a população LGBTQIAP+, principalmente (mas não apenas) contra corpos travestis e transexuais. Com essa lente é possível entendermos por que o Brasil é o país que mais mata os nossos ainda hoje. E por que, se não cuidarmos e entendermos esse período, novos golpes podem acontecer e a história pode se repetir. De novo e de novo.

Herbert Daniel

O REVOLUCIONÁRIO CONTRA A DITADURA

HERBERT DANIEL NASCEU em Belo Horizonte. Era reservado e tinha paixão por livros. Foi estudante de medicina na Universidade Federal de Minas Gerais (UFMG) e se tornou uma voz importantíssima durante a ditadura. Ao descobrir que estava convivendo com o HIV, saiu do armário que escondia o vírus e usou a voz para falar sobre o tema. Acima de tudo, foi um revolucionário.

 1946

 1992

Daniel, como preferia ser chamado (entendia ser esse seu nome na luta política), se descobriu gay cedo. Ainda na adolescência, teve as primeiras experiências sexuais com outros homens. Era, digamos, um desbravador.

Na faculdade, começou a se envolver com política e se posicionou nos movimentos de esquerda. O que poderia ser entendido como um local em que teria mais abertura para falar sobre pautas progressivas e sexualidade, porém, também se mostrou um ambiente de repressão. Ele não se identificava com a direita, mas, para se adaptar aos movimentos de que participou na esquerda, precisou esconder que era gay. Pois havia uma concepção heteronormativa de que a homossexualidade era um "desvio pequeno-burguês", como narra o historiador James N. Green em sua biografia sobre Daniel.

A vontade de entrar para os movimentos políticos, especificamente para a luta armada, tinha uma razão para além da ideologia. Era uma forma de sobreviver e resistir durante a ditadura. Lutou ao lado de Dilma Rousseff. Ela sabia que ele era gay, o entendia e aceitava.

O rosto de Daniel chegou a estampar cartazes: era um dos maiores "subversivos" a se opor ao regime. E quando falo que ele estava na linha de frente, quero dizer linha de frente *mesmo*. Daniel participava, por exemplo, de saques a bancos para adquirir fundos e manter o movimento de pé, ação conhecida como expropriação.

Quando vários colegas de sua organização começaram a ser presos, mudou-se de Minas para o Rio de Janeiro. Conseguiu morar na casa de dois conhecidos. Em Niterói, viveu com o casal de amigos Elisalva e Cláudio.

Elisalva foi denunciada por ter acobertado Daniel e acabou presa. Cláudio e Daniel, não. Foi necessário que pedissem exílio na Europa. É possível imaginar que, caso fosse pego, não duraria muito tempo com vida.

EXÍLIO, AMOR E AIDS

CLÁUDIO E DANIEL começaram a se relacionar afetivamente e permaneceram juntos até os últimos dias de vida dos dois.

Foram viver em Paris. A temporada europeia contou também com uma rápida passagem por Portugal, mas logo retornaram à França, país que, naquele momento, estava sob um regime de esquerda.

Voltaram ao Brasil em 1982, nos anos finais da ditadura. Daniel filiou-se ao Partido dos Trabalhadores (PT) e participou da criação do Partido Verde (PV). Nesse momento, suas pautas versavam sobre os direitos dos homossexuais e o meio ambiente. Chegou a ser candidato a deputado estadual, em 1986, mas não foi eleito.

Era 1989 quando um outro capítulo de sua vida veio a público para se somar às lutas que já defendia. Daniel revelou ser uma pessoa vivendo com HIV. Dessa vez, sem armários para guardar segredos. Para o *Jornal do Brasil*, escreveu um artigo importante e histórico sobre a epidemia no país intitulado "Notícias de outra vida". Foi ali que revelou sua sorologia na mídia.

A partir de sua condição, falava muito sobre o preconceito que pessoas que vivem com HIV sentem na pele. Naquela época, mais ainda. Os tratamentos estavam apenas começando a ser desenvolvidos, e o HIV quase sempre evoluía para a aids.

Em seus registros sobre o tema, desenvolveu a ideia de "morte civil": ou seja, uma vez com a doença, a morte social do indivíduo começa a acontecer antes da morte física. A sociedade já começa a te excluir. É triste pensar que esse preconceito ainda existe. E não deveria ser assim. Se antes existia um medo de não entender as formas de transmissão e como tratar a doença, hoje nada disso se sustenta.

Naquela época, tudo era incipiente. A medicação estava em fase experimental. Hoje, todo o tratamento pode ser feito gratuitamente pelo Sistema Único de Saúde (SUS). É possível que pessoas com HIV tenham uma carga viral indetectável com os medicamentos oferecidos, ou seja, sem risco de transmitir para outra pessoa.

> "Quando se tem aids, dizem as más e poderosas línguas que a gente é aidético. Continuo sendo eu mesmo. Estou com aids."
>
> JORNAL DO BRASIL (1989)

Sua expectativa de vida é igual à de qualquer outra pessoa sem a doença. Há algum sentido que um preconceito idiota do tipo ainda se sustente?

Uma das últimas ações na luta humanitária de Daniel foi participar da criação do grupo Pela Vidda (Valorização, Integração e Dignidade do Doente de Aids). Daniel faleceu em 1992 em decorrência da aids. Cláudio entrou em depressão por conta da partida do amado e teve um ataque cardíaco em 1994. Daniel queria viver.

Continue por aqui

LEIA A BIOGRAFIA REVOLUCIONÁRIO E GAY: A EXTRAORDINÁRIA VIDA DE HERBERT DANIEL — PIONEIRO NA LUTA PELA DEMOCRACIA, DIVERSIDADE E INCLUSÃO, DE JAMES N. GREEN (EDITORA CIVILIZAÇÃO BRASILEIRA, 2018).

Caio Fernando Abreu
O Escritor para o Futuro

CAIO ERA QUESTIONADOR. Questionava a sociedade conservadora em que vivia. Questionava a ditadura desde o início. Questionava os costumes de sua época. Sobretudo, questionava a si mesmo.

Caio nasceu em Santiago do Boqueirão (RS). Em Porto Alegre, fez os cursos de artes cênicas e letras na Universidade Federal do Rio Grande do Sul (UFRGS). Abandonou ambos para escrever em revistas de entretenimento e jornais variados, como o **Zero Hora**, até que passou em um concurso da **Veja**, para fazer parte da primeira redação da revista. Por conta disso, mudou-se para São Paulo. Escrevia na revista e, nas horas vagas, se dedicava a seus romances e contos, que de fato foram a grande obra que nos deixou.

São livros que falam sobre cotidiano, sobre as dores e levezas dos seres humanos, o que traz um aspecto atemporal para sua obra. Caio escrevia ao mesmo tempo com humor ácido e um tom melancólico, se debruçando com angústia sobre o que era efêmero. Típico de alguém que pensava demais, mas que conseguia verter sua alma em texto.

Há explicação para esse tom peculiar. Caio era jovem durante a ditadura. Devia ser difícil ter uma atitude posi-

★ 1948
† 1996

tiva, sonhar. Ele chegou inclusive a ser perseguido e deixou o Brasil por um período; viveu na Espanha, na França, na Inglaterra e na Suécia. Em outro tipo de exílio, fugiu para a chácara Casa do Sol, próxima a Campinas, onde vivia sua amiga e também escritora, Hilda Hilst.

ARTE, AMOR E DISCOS VOADORES

A CASA DO SOL TINHA se tornado uma espécie de centro criativo. Lá, Caio e Hilda viveram um período de troca e influência intensa. Falavam sobre arte, amor e discos voadores. Criaram uma ligação tão forte que, quando separados, trocavam inúmeras cartas. Mas também brigavam. Certa vez, Hilda quis queimar todos os papéis que contavam períodos importantes da vida dos dois. Para nossa sorte, seu namorado interveio. Anos depois, tais cartas foram reunidas no livro **Numa hora assim escura**, de Paula Dip (José Olympio, 2016).

Provavelmente Hilda Hilst sabia das dores e dos amores de Caio. Ele gozava da própria sexualidade. Assumiu-se gay em um momento que poucos o faziam de forma tão aberta. Escrevia sobre o assunto e sabia do peso e da importância que exercia ao viver sem amarras, deixando transbordar para a sociedade quem ele era em todas as suas facetas.

No Brasil dos anos 1990, o HIV eclodia em uma sociedade com pouco conhecimento sobre seus efeitos, e as for-

> "Homossexualidade não existe, nunca existiu. Existe sexualidade — voltada para um objeto qualquer de desejo. Que pode ou não ter genitália igual, e isso é detalhe. Mas não determina maior ou menor grau de moral ou integridade."

O ESTADO DE S. PAULO (1987)

mas de tratamento, como já dissemos, eram ainda muito precárias. Caio adoeceu de aids e não se escondeu, mesmo com todo o preconceito que existia — e ainda existe — acerca do vírus e da doença. Escreveu sua primeira crônica sobre o tema, "Primeira carta para além do muro", tornando-se o primeiro escritor brasileiro a contar abertamente sobre como era ter a doença. Ajudou vários outros que estavam nessa com ele.

Caio segue sendo uma grande inspiração para diversas gerações. A obra que deixou, com temas únicos, pessoais e um texto fácil de ser compreendido, ainda reverbera entre nós. Fala diretamente ao coração dos jovens. E, mesmo sem saber, deixou tudo pronto para virar citação frequente. Até mesmo de frases que circulam nas redes sociais e que, muitas vezes, nem sequer são dele. Caio vive!

Continue por aqui

LEIA OS LIVROS CONTOS COMPLETOS (COMPANHIA DAS LETRAS, 2018) E MORANGOS MOFADOS (COMPANHIA DAS LETRAS, 2019).

Edy Star

O PRIMEIRO A SE ASSUMIR

★
1938

EXISTEM ARTISTAS QUE ATÉ se aproximam do *mainstream*, fazem um trabalho incrível, mas acabam ficando restritos a um nicho. Costumam fazer parte de uma produção underground, mas estão sempre à espreita, participando aqui e ali de uma produção ou outra que, com sorte, os leva à grande mídia. O baiano de Juazeiro Edivaldo Souza é um desses artistas.

Edivaldo começou a cantar cedo. Tinha treze anos quando insistiu para que seu pai o levasse ao programa de rádio **A Hora da Criança**. Era sua primeira apresentação. Não sabia explicar, mas gostava daquilo. Amava o meio artístico.

Quando começou a sair da adolescência, como bom capricorniano, focou na carreira. Até se aventurou nas artes plásticas, mas logo a necessidade de um emprego fixo falou mais alto. Fez, então, um curso na Petrobras e tornou-se especialista em petróleo. Era o fim dos anos 1950.

Tinha vinte anos na época. Odiava o ambiente de trabalho. Sentia-se deslocado em um meio extremamente heterossexual. Ficou por um ano, pediu as contas e foi trabalhar no circo.

A essa altura, morava na capital de seu estado, e tinha a mesma idade que ninguém menos que Caetano Veloso, Maria Bethânia e Gilberto Gil. Naquela Salvador, era destino que se conhecessem!

Em 2010, contou para a revista **Trip** que o encontro aconteceu quando ele passava pela porta da casa de Caetano, ouviu alguém tocando "Volare" e foi lá ver quem era. Esse foi o início de uma amizade que viria a ser tão íntima a ponto de Caetano o convidar para tomar um bom cafezinho com sua mãe, dona Canô.

RAUL, TOCA EDY STAR

EDY COMEÇOU A FREQUENTAR festas com os novos amigos. Voltou a trilhar o caminho na música que havia começado na infância. Em 1964, conheceu Gilberto Gil em um evento. Gil estava se apresentando e, em determinado momento, cantarolou alguns versos de uma canção não finalizada. Se tratava de "Procissão", o primeiro single de seu primeiro disco, **Louvação**, que seria lançado em 1967.

Edy ficou com os versos na cabeça. Voltou para casa e finalizou a canção. Mostrou para Gil, que aprovou. Quando Edy viu o disco, uma surpresa: seu nome não era creditado. Gil resolveu a situação anos depois, pagando os direitos autorais que cabiam a ele. Em 2021, durante a apresentação de Gil em uma live, "Procissão" foi cantada e lá estava o nome de Edy Star nos créditos ao lado de Gilberto Gil na tela da Rede Globo.

Edy começou a trabalhar como produtor na TV Jornal do Commercio, em Recife. Em 1969, trabalhou também como apresentador na TV Itapoan, em Salvador. Foi demitido ao cobrar os quatro meses de salários atrasados enquanto seu programa estava ao vivo. Conheceu Raul Seixas e juntos lançaram o álbum **Sociedade da Grã--Ordem Kavernista Apresenta Sessão das 10**. Produzido durante a ditadura no Brasil e com um título que por si só já é quase uma composição inteira, o disco tinha tudo para ser barrado pelos censores. Mas dessa vez quem decidiu retirá-lo de circulação foi a própria gravadora, a CBS. Acharam tudo experimental demais. As cópias em vinil duraram quinze dias nas lojas e foram recolhidas.

Em 2009, sendo o último dos quatro integrantes vivos daquele projeto, Edy cantou todas as músicas na Virada Cultural de São Paulo, fazendo seu nome ecoar para um novo público que não o conhecia.

O **Sociedade** foi importante também para projetar Edy em uma carreira solo. Passou então a cantar sozinho em bares do Rio de Janeiro, para onde se mudou. Ali começou a ser mais conhecido e apareceu até em produções teatrais. Um dos ápices de sua atuação seria a produção nacional do musical britânico **Rocky Horror Show**.

ABRINDO O ARMÁRIO COM BOTA E SALTO ALTO

EDY ERA O PROTAGONISTA do assim intitulado **Rock Horror Show** (sem o *y*), responsável por dar vida a Frank-N--Furter. É possível ver o quanto a experiência moldou a futura carreira de Edy: do figurino andrógino às maquiagens pretas carregadas, da transparência nas roupas às botas cano longo e aos cabelos volumosos e ondulados.

O que serviu de figurino para estrelar na peça também serviria para moldar a capa do disco solo de Edy. Em

Sweet Edy é possível ver todas as referências ao clássico americano.

Com o sucesso, Edy começou a estrelar capas de revistas. Assim, foi na **Fatos & Fotos** que deu um grande passo para o universo LGBTQIAP+ brasileiro, ao sair do armário com as seguintes aspas: "Tive coragem de assumir o que sou". Era 1975! Há quem considere que aquele pode ter sido o primeiro momento de um artista brasileiro a se assumir homossexual na grande mídia.

Se hoje consideramos esse ato necessário e importante, na época a coragem de Edy teve um preço. Foi chamado para depor algumas vezes por conta de suas músicas e apresentações. E, assim como ocorria com Ney Matogrosso e Maria Alcina, era constantemente vetado de aparecer na televisão por ser considerado "espalhafatoso" e "exagerado" demais. Lutava contra os pudicos "bons costumes". Chegou a ser ameaçado pela polícia na época.

No início dos anos 1990, com o fim da era das boates, decidiu ir para a Europa, onde viveu por vinte anos, se apresentando em cabarés. Quando voltou ao Brasil, fez grande impressão: ganhou um documentário que conta a história de sua vida, fez algumas apresentações nostálgicas de seus sucessos, relançou seu vinil em uma versão holográfica.

Depois, como grande parte dos brasileiros, se fechou dentro de casa — agora em São Paulo — para passar pela pandemia do covid-19. Interrompeu vários planos e projetos que estava criando, mas também aproveitou para fazer lives e divertir seu público com a personagem que criou para esses momentos, Lady Xoxona.

Já do alto dos seus oitenta anos, Edy ainda exala todo o bom humor que era característico de suas apresentações de décadas atrás. Em seu perfil de Instagram, faz memes, brinca e posta fotos antigas com seus amigos. É o mesmo humor presente em suas letras, como na última faixa do álbum **Sweet Edy**. Com 36 segundos de duração, a canção encerra assim: "Eu sou divino, eu sou maravilhoso/ E sou danado de gostoso/ E quem quiser, venha provar/ Eu sou... Edy Star!". Como alguém fã de **Rocky Horror** e que conheceu Edy por conta desse livro, posso dizer que a afirmação é real. Vale a pena ouvir sua música!

Continue por aqui

ASSISTA AO DOCUMENTÁRIO ANTES QUE ME ESQUEÇAM, MEU NOME É EDY STAR, DE FERNANDO MORAES.

Ney Matogrosso

O HOMEM COM H

DAS FIGURAS QUE ME encantavam, fascinavam e me assustavam na infância, Ney Matogrosso estava lado a lado com Elke Maravilha. Sou da fase que o cantor aparecia com quase nenhuma roupa no palco: apenas uma tanga, maquiagem branca e preta no rosto, adereços com penas e franjas no braço e o peito com pelos à mostra. Como ele mesmo chegou a revelar em entrevistas, era um híbrido de homem e bicho no palco. Talvez tenha sido Ney quem me fez gostar tanto de maquiagem, franjas e peitos peludos.

Em seu registro de nascimento, ele é Ney de Souza Pereira. Apesar de nascido em Mato Grosso do Sul, o sobrenome artístico veio do pai, Antônio Matogrosso. Tinham uma relação conturbada, que foi melhorando com o tempo. Quando adolescente, batia de frente com o progenitor, que era sargento da Força Aérea e aplicava rotinas militares aos filhos, como acordar cedo no frio para criar disciplina.

Aos dezessete anos, Ney entendeu que ele e seu pai não conseguiriam ter uma relação saudável. Por ironia do destino, ele havia se inscrito na Aeronáutica para sair de casa. Assim, trocou o Centro-Oeste pelo Sudeste e foi

★
1941

viver no Rio de Janeiro, onde serviu na Força Aérea. Foi nesse período, aliás, que teve as primeiras experiências com homens, no caso, um recruta que viera do Espírito Santo.

Ficando por dois anos na Aeronáutica, mudou-se depois para Brasília para morar com um primo e trabalhar no Hospital de Base. Ao longo desse período, Ney foi conhecendo pessoas do meio artístico. Aos poucos ia se distanciando cada vez mais do período nas Forças Armadas para entrar de vez na carreira musical. Começou cantando em bares, programas de TV e em um coral. Pelas notas agudas que alcançava, foi convidado por João Ricardo a integrar um novo projeto musical que viria a ser o Secos & Molhados — João foi o criador da banda —, e lançaria o primeiro disco com eles em 1973.

Nessa época, as vestes do cantor faziam com que se destacasse em suas apresentações, atraindo os olhares dos fãs e dos ditadores que regiam a política da época. Em um comparativo, Ney sofria no Brasil o mesmo que o requebrado de Elvis Presley enfrentava nos Estados Unidos. Era impróprio demais para a TV. Ney era boicotado. Na entrevista para a BBC Brasil, ele revelou que chegou a ser interrogado enquanto andava em uma rua do Rio de Janeiro por ser "cabeludo" e usar calça "apertada". Foi levado para a delegacia junto com uma garota de programa e um bicheiro.

Ele conta que despertava tanta raiva nos censores por ser do "desbunde" e não

> *Eu gosto de ser do sexo masculino. Nunca quis ser mulher nem ocupar o lugar de mulher. Sou um homem que apenas não respeitou os limites, que transita com liberdade entre uma ponta e outra do espectro."*

FOLHA DE S.PAULO (2017)

das armas. Se definia como hippie, tomava ácido e fumava maconha. Nos palcos, era aquela figura andrógina.

Ney foi um dos primeiros artistas a transitar entre o feminino e o masculino em suas apresentações. Assim como o boicote por parte das emissoras de televisão, alguns jornais não o noticiavam por puro preconceito. Consideravam Ney uma figura travesti e não queriam relacionar tal imagem ao jornal. O mesmo acontecia com alguns compositores, que não aceitavam fazer músicas para ele.

Essa situação se intensificou depois que Ney deixou, após dois álbuns, o Secos & Molhados. Na carreira solo, Ney respondia apenas por si mesmo. Ainda que enfrentasse todos os preconceitos daquele período político, nos dez primeiros anos em que se apresentou só, foi uma máquina de produzir álbuns, lançando quase um por ano.

De seus amores, um dos mais marcantes, que se tornou público, foi o romance que viveu com Cazuza. Dois homens gays que se amavam.

Atualmente, Ney é cobrado constantemente nas redes sociais por não levantar bandeiras pelos direitos LGBTQIAP+ da forma que pode ser esperado nas calorosas discussões do Twitter, por exemplo. Atualmente, Ney fala pouco sobre o tema. Sua defesa é a de sempre ter lutado muito para conquistar a liberdade de poder se expressar como desejava, mas não querer ser mártir de nenhum movimento. Entende que um homem maquiado, praticamente nu sobre um palco, cantando por anos sobre amor, sexualidade e a desconstrução da figura masculina já é uma contribuição suficiente.

Uma luta que segue quando empresta a voz a trabalhos e parcerias com uma nova geração de artistas que está atualmente na linha de frente. É o caso da participação que fez na música de Gaby Amarantos ao lado da também cantora Urias. O clipe de "Vênus em Escorpião" brinca com os tabus da sexualidade, usando vestes consideradas masculinas e femininas nesses três corpos tão diversos. É também, a meu ver, um dos clipes mais lindos produzidos nos últimos anos.

Em um balanço de sua carreira, Ney revelou, na mesma entrevista para a BBC, que gostaria de ser lembrado como alguém consciente dos caminhos que abriu: "Quero que as pessoas se lembrem que a minha vida inteira eu lutei pela liberdade e não admito viver com menos que isso".

Continue por aqui

LEIA NEY MATOGROSSO: A BIOGRAFIA, DE JULIO MARIA (COMPANHIA DAS LETRAS, 2021).

João Silvério Trevisan

O DEVASSO NO PARAÍSO

ENQUANTO ALGUMAS PESSOAS LIAM a revista **Playboy** às escondidas, outras faziam o mesmo com o jornal **Lampião da Esquina**. Conhecida como "porta-voz dos homossexuais", a publicação foi criada em 1978 como resposta ao apagamento que tentavam fazer de nossa história e de nossos corpos. Foi lançado para afirmar que existíamos e estávamos ali. E à frente da criação do periódico estava João Silvério Trevisan.

1944

Nascido em Ribeirão Bonito, cidade com pouco mais de 12 mil habitantes no interior de São Paulo, João foi seminarista e só conseguiu vivenciar sua sexualidade quando se mudou para a capital paulista. Na cidade grande, o passado religioso podia ficar para trás.

O trabalho de Trevisan é gigante para a comunidade LGBTQIAP+. Mas ele sempre lutou para que seu conteúdo não ficasse restrito apenas à nossa bolha. Não gosta de ser taxado como um escritor que escreve apenas para viados, porque entende que a história do Brasil ignora sistematicamente a homossexualidade e que, se só falarmos de nós para nós mesmos, não evoluiremos como sociedade diversa e plural.

A crítica se estende à própria comunidade LGBTQIAP+.

Quem somos nós? O que queremos enquanto grupo? Como podemos sair do gueto em que somos colocados? Como chegamos ao *mainstream*, com obras cujo acesso seja para todos?

A HISTÓRIA POR QUEM A VIVEU

ALÉM DO LAMPIÃO, dois outros grandes momentos da contribuição de Trevisan para o movimento LGBTQIAP+ foram a fundação do grupo Somos e seu livro **Devassos no Paraíso**.

O Somos é conhecido como o primeiro grupo pelos direitos dos homossexuais. Trevisan estava entre as pessoas que o fundaram durante a ditadura militar, também em 1978. Deixou o grupo quando começou a perceber uma influência política muito grande, que interferia nas decisões que queriam tomar.

No livro, Trevisan conta a história da homossexualidade no Brasil, desde os tempos da colônia portuguesa até os dias atuais. Fala sobre sexualidade, arte, religião e diversos outros temas. Teve duas edições em 1986, ganhou uma atualização em 2000 e, mais recentemente, uma versão ampliada e atualizada em 2018, publicada pela Objetiva. A obra foi, inclusive, base fundamental para vários capítulos deste livro que você tem em mãos.

Ao todo, Trevisan publicou catorze obras. Algumas de caráter histórico, outras ficcio-

Não adianta governos reacionários se interporem: nós já descobrimos o caminho das pedras. A escuridão em que pretendem nos mergulhar é o combustível mesmo para afirmação do nosso desejo-vaga--lume, que foi feito para brilhar."

DIADORIM (2020)

nais (romances) e também algumas mais autobiográficas, como o livro **Pai, pai** (Alfaguara, 2018), em que abre suas memórias para contar sobre os tempos como seminarista e a relação que teve com o próprio pai.

Em casa por conta da pandemia do covid-19 (quando este livro estava sendo redigido), ele revisou o livro que escreveu em 1998, **Seis balas num buraco só: A crise do masculino** (Objetiva, 2021). Ali, fala sobre o conceito de masculino com retrato dos anos 1990. Na nova versão da obra, traz noções sobre masculinidade tóxica e outros temas que foram se modificando e ganhando nomes de lá para cá.

Em uma de suas entrevistas mais recentes, para o jornal **Cândido**, da Biblioteca Pública do Paraná, Trevisan faz um balanço de sua vida: "Sou um coelho, do ponto de vista de produção literária. Mas uma vida só vai ser muito pequena para isso. Mas tudo bem, já está de bom tamanho. Espero que ainda dê tempo de algumas outras coisinhas".

Continue por aqui
LEIA A BÍBLIA LGBTQIAP+:
DEVASSOS NO PARAÍSO:
A HOMOSSEXUALIDADE
NO BRASIL, DA COLÔNIA
À ATUALIDADE
(OBJETIVA, 2018).

Rosely Roth

A MILITANTE NA FRENTE DO BAR

NENHUM MOVIMENTO SOCIAL PODE ser tratado como uma única via, uma vez que dentro de cada um existem pautas comuns e particularidades de seus subgrupos. O feminismo, por exemplo, tem pautas que atingem todas as mulheres, mas há lutas do feminismo negro que são mais profundas por conta do racismo estrutural de nossa sociedade e precisam ser tratadas de forma diferente.

★ 1959
† 1990

O mesmo acontece dentro do guarda-chuva LGBTQIAP+: as lutas se assemelham em alguns pontos, mas, em vários momentos, as particularidades de cada letra precisam ser tratadas diferentemente. São direitos e lutas específicos. Quem vive dentro de um ou mais marcadores sociais está inserido no aspecto da interseccionalidade.

Existe uma crítica dentro do próprio movimento em relação à letra *g*. Muitas vezes, quando pensamos nos avanços obtidos por pessoas LGBTQIAP+, eles reverberam nos homens gays brancos. O que acaba sendo chamado de forma jocosa como movimento "GGG", que inviabiliza as outras letras. É de fato um argumento extremamente válido e um combate a ser trabalhado em nossa comunidade.

No Brasil de 1980, que lidava com os resquícios finais

da censura militar, falávamos quase que exclusivamente desse cenário. Os movimentos que tratavam de mulheres lésbicas eram poucos, e, mesmo assim, existia uma resistência para que elas ocupassem locais e impusessem a própria voz.

Uma das pessoas que esteve nessa linha de frente e que foi importantíssima para os avanços da luta lésbica foi Rosely Roth. Paulistana, nasceu em uma família judaica e estudou em colégios dessa tradição. Já no início da vida adulta, estudou filosofia e se pós-graduou em antropologia pela Pontifícia Universidade Católica de São Paulo (PUC-SP).

Foi a partir dessa formação que se tornou ativista e participou de ações importantes pela visibilidade lésbica. Ajudou a criar o Grupo de Ação Lésbica Feminista (GALF), um subgrupo do Grupo Somos, fundado em 1981 por mulheres que não se viam representadas de forma geral pelas discussões do grupo.

NO SOFÁ DA HEBE

À FRENTE DO GRUPO, Rosely falava de sua sexualidade com uma abertura e uma tranquilidade inéditas no país. Enquanto algumas mulheres precisavam participar escondidas dos encontros, Rosely era chamada em programas de televisão para esclarecer dúvidas que as pessoas tinham sobre o movimento lésbico. Foi o caso de duas participações que fez no programa de Hebe Camargo, na época pela TV Bandeirantes.

Era 25 de maio de 1985, no melhor estilo **Casos de Família**, do SBT, uma das convidadas, Maria Amélia, sentada no clássico sofá da apresentadora, dizia preferir que a

filha fosse infeliz pelo resto da vida do que vê-la se envolvendo com outra mulher. Era um dia em que a jornalista Marília Gabriela e o escritor Ignácio de Loyola Brandão também compunham a lista de convidados. Do outro lado do estofado, Rosely explicava de modo bastante didático: "Muitas pessoas acham que mulheres lésbicas não são mulheres. Eu sou e me sinto como mulher. Acham que é um terceiro sexo... marciana". E continuava: "A gente existe, por enquanto é um grupo pequeno e a gente está tentando pensar sobre isso". Ou seja, sobre como "aliviar as mulheres da culpa, vergonha e dos conceitos que fazem mal".

O que hoje em dia seria uma discussão de algumas horas — ou dias — no Twitter, à época reverberou por bastante tempo. Não se via então uma mulher lésbica assumida falando sobre sexualidade na televisão. Ponto para a Hebe, que havia proporcionado aquele momento. No jornal **Folha de S.Paulo**, uma semana depois da exibição do programa, uma matéria repercutiu a bronca que Hebe levou da censura por ter feito "apologia ao homossexualismo".

ORGULHO LÉSBICO

AS APARIÇÕES DE Rosely Roth na TV foram pontuais. Seu negócio era lutar de frente. Ela organizou uma manifestação em um bar do centro de São Paulo quando o dono do local barrou a venda do jornal **ChanacomChana**, em que a antropóloga também escrevia.

O local se chamava Ferro's Bar, ficava próximo à praça Roosevelt. Era conhecido justamente por ser ponto de encontro de mulheres lésbicas. Em 23 de julho de 1983, um grupo de mulheres foi impedido de entrar no bar para vender o boletim para as frequentadoras do local. Rosely arquitetou uma manifestação para dali a pouco menos de um mês.

No dia 19 de agosto, lésbicas, gays, militantes, estudantes em geral e jornalistas estiveram em peso no local para manifestar repúdio ao bar. Deu certo: os donos voltaram atrás e o jornal voltou a ser vendido ali.

O dia é considerado por muitos como o "Stonewall brasileiro". Para o movimento lésbico, é celebrado todos os anos como o Dia do Orgulho Lésbico, também em homenagem póstuma à antropóloga e ativista que puxou a manifestação.

Rosely Roth viveu pouco tempo. Aos 31 anos sofria com fortes crises emocionais e acabou cometendo suicídio, deixando um legado de luta que reverbera até hoje em cada mulher lésbica e bissexual brasileira que se assume e ama publicamente outras mulheres.

Continue por aqui

PARA CONHECER MAIS SOBRE O MOVIMENTO LÉSBICO NO BRASIL, SIGA A PÁGINA @ARQUIVOLESBICO BRASILEIRO NO INSTAGRAM.

Vamos falar um pouco sobre HIV?

EU TINHA CATORZE ANOS em 2004 quando li o livro **Depois daquela viagem**, de Valéria Piassa Polizzi, lançado em 1997. Era alguma coisa para a escola, para entendermos a vivência de alguém com HIV. A história é autobiográfica. Valéria narra suas primeiras experiências sexuais, conta do diagnóstico, da viagem para os EUA em busca de tratamento, tudo em uma linguagem muito acessível, que de alguma forma gerava identificação.

Valéria também escreveu crônicas e contos para a revista **Atrevida** por cerca de oito anos. Falava de tudo, e, enquanto eu lia, ela parecia estar sentada ao meu lado conversando sobre questões da adolescência. Virei fã dela. Na época queria consumir tudo o que ela escrevia, e tinha pressa em ler porque sabia que Valéria iria morrer.

Eu vou morrer, você vai morrer, mas o relógio da morte de Valéria estava contando mais rápido que o nosso. Ao menos, era o que todo o meu conhecimento sobre pessoas que vivem com o vírus da imunodeficiência humana (HIV, na sigla em inglês) afirmava. Aliás, eu mal sabia a diferença entre HIV e síndrome da imunodeficiência adquirida (aids, também na sigla inglesa) e coloco a mão no fogo de que existe a possibilidade de que você que está lendo isso também não saiba. Mas vamos juntos aqui.

DOENÇA DE VIADO?

Os anos 1980 tiveram alguns avanços. A ditadura finalmente chegou ao fim em 1985. A Constituição Federal de 1988 mencionava preconceitos, defendendo "origem, raça, sexo, cor, idade e quaisquer outras formas de discriminação", ainda que sem citar diretamente orientação sexual. Mas a grande questão dessa década foi a descoberta do HIV e consequentemente da aids.

Segundo relatório da Fundação Oswaldo Cruz (Fiocruz), os primeiros casos de aids no mundo se deram entre 1977 e 1978, sendo identificados no Haiti, em países da África Central e nos Estados Unidos. O nome e as definições do que era a doença só viriam em 1982.

Nesse período, a aids era uma doença misteriosa, da qual muito pouco se sabia, mas sobre a qual se especulava bastante. Quando anunciada na TV, uma reportagem sobre a aids era o tipo de matéria que passava com música fúnebre e toda ordem de sensacionalismo. As primeiras pessoas a morrerem da doença eram homens que se relacionavam sexualmente com outros homens. O diagnóstico era de uma pneumonia por *Pneumocystis carinii*, além de sarcoma de Kaposi, um tipo agressivo de câncer; o sinal mais característico eram manchas roxas, vermelhas ou marrons na pele. Hoje sabe-se que tais sintomas podem aparecer em estágios avançados da aids quando não tratada. Na Califórnia, definiram-na como Gay-Related Immune Deficiency (GRID) — em tradução livre, deficiência imunológica relacionada a gays. Foi um prato cheio para a imprensa. Nos jornais, o termo "câncer gay" começou a circular.

Não demorou para que ela chegasse ao Brasil. Como dita o próprio conceito de epidemia, a doença começa de forma regional e logo se espalha para vários cantos. O primeiro caso registrado no país aconteceu em 1980. O diagnóstico da causa da morte viria em 1982. Aqui, o "câncer" se tornou também a "peste gay" e a "praga gay".

Nesse período, descobriu-se que existiam outras formas de contaminação além das vias sexuais: também era possível contrair a doença através de transfusão de sangue e do uso de drogas injetáveis, como a heroína. Assim, aos grupos já marginalizados juntaram mais um e chegaram aos quatro "H": homossexuais masculinos, hemofílicos, haitianos (com um toque de xenofobia, por ter sido o Haiti um dos primeiros locais onde a doença foi descoberta) e heroinômanos — usuários de heroína injetável.

Mas aos poucos se percebeu que mulheres e homens heterossexuais também estavam se infectando. Até crianças recém-nascidas podiam ter o vírus. No documentário, que recomendo fortemente, **Carta para além dos muros**, dirigido por André Canto, há uma cena marcante mostrando um orfanato onde viviam bebês que perderam os pais por conta da evolução de doenças derivadas da aids.

Com o aumento de casos, e entendendo que se tratava de um problema de saúde pública, militantes envolvidos nos movimentos sociais LGBTQIAP+ pressionaram o governo. Em 1985, finalmente foi criado o Grupo de Apoio à Prevenção à Aids (GAPA), em São Paulo, a primeira organização a olhar para a questão de forma mais assertiva. Algumas outras surgiram também nesse momento. Dentre os objetivos dessas organizações estava, claro, o acesso a medicações para tratamento.

COMPRIMIDOS

Você já deve ter ouvido falar do antirretroviral azidotimidina ou zidovudina (AZT). Inicialmente utilizado no tratamento de câncer, o medicamento passou a ser receitado para pacientes que já haviam desenvolvido aids em 1987. Hoje em dia, o AZT ainda é utilizado em algumas situações específicas, como para evitar a transmissão vertical (quando a infecção ocorre da mãe para o bebê), mas já existem várias novas medicações para tratar o HIV.

Como antes era difícil saber a forma mais eficaz de tratar a infecção, muitos remédios eram usados para tentar bloquear a reprodução do vírus. Em determinado momento da epidemia, algumas pessoas chegavam a tomar dezoito tipos de medicamentos por dia, originando o termo coquetel.

O ano de 1996 foi um marco para o tratamento. A descoberta da Terapia Antirretroviral Altamente Ativa (HAART, na sigla em inglês), uma combinação de medicações que atuam em etapas diversas do ciclo de replicação viral, foi uma revolução para quem vivia com HIV, em especial no Brasil, com sua inclusão no SUS. Hoje em dia, a realidade do coquetel já é muito diferente: em geral são necessários apenas dois comprimidos para impedir que o vírus se reproduza. Assim, a carga viral das pessoas que vivem com HIV e que fazem o tratamento corretamente fica indetectável em até seis meses!

Com a carga viral controlada, impede-se que a infecção por HIV debilite o sistema imunológico fazendo com que o indivíduo nunca chegue a desenvolver a aids — e que quem já a desenvolveu possa se recuperar.

Para além da possibilidade de uma vida saudável, hoje também se sabe que quem tem carga viral indetectável não transmite o vírus!

Os avanços dos últimos anos também trouxeram as famosas profilaxia pré-exposição (PrEP) e a profilaxia pós-exposição (PEP). A PrEP é tomada de forma recorrente, sempre antes de se ter uma exposição sexual, e a PEP pode ser iniciada em até 72 horas após uma situação de risco, continuando por 28 dias. No Brasil, além do tratamento, essas estratégias medicamentosas são oferecidas gratuitamente pelo SUS. Procure o Centro de Testagem e Aconselhamento (CTA), o Serviço de Assistência Especializada em HIV/aids (SAE) ou outro serviço análogo de sua cidade para saber mais!

CASOS FAMOSOS

MUITAS PESSOAS NÃO TIVERAM a chance de fazer uso desses tratamentos. Caio Fernando Abreu faleceu justamente em 1996, meses antes de a tríade de remédios começar a ser utilizada pela população. Além dele, Renato Russo, Lauro Corona, Freddie Mercury, Cláudia Magno, Keith Haring, Wagner Bello — o Etevaldo do **Castelo Rá-Tim-Bum** —, Herbert José de Sousa, Michel Foucault, Henfil e várias outras pessoas brilhantes perderam a vida para o vírus.

Cazuza foi um dos casos mais emblemáticos, por conta da capa da revista **Veja** estampada por ele em 1989 — conto mais sobre isso no capítulo "Sua comunicação precisa ser revista — a imprensa LGBTQIAP+". O cantor faleceu em 1990. Sua mãe, Lucinha Araújo, decidiu criar a ONG Sociedade Viva Cazuza para cuidar de crianças que nasciam com HIV. Tendo ajudado mais de trezentas crianças desde sua criação, o local foi desocupado em 2020, e as atividades foram encerradas. Hoje, no mesmo lugar que funcionava a ONG, existe o Espaço Cazuza, agora mantido pela prefeitura do Rio de Janeiro.

"A DOENÇA DO OUTRO"

É POSSÍVEL PREVENIR. É possível tratar. Olhando para o que foi a década de 1980, avançamos muito. Já faz um bom tempo que o Brasil se tornou referência mundial no tratamento da aids e HIV. A única coisa que ainda não foi solucionada é o preconceito, a sorofobia que circundam o tema. Mesmo dispondo de tratamento eficaz, semelhante a inúmeras outras doenças, como a diabetes, muitas pessoas sequer conseguem falar sobre o assunto. A herança das matérias sensacionalistas daquela época reverbera ainda hoje na sociedade. Ainda há quem relacione a doença aos chamados "grupos de risco", denominação que atribuía a homens gays, travestis e transexuais, por exemplo, a culpa pela epidemia. Hoje sabe-se que o correto é falar de "situações de risco", às quais todos podem se submeter.

Ainda hoje, o HIV segue sendo tratado como um vírus que "é do outro". Que "não tem perigo de acontecer comigo". E isso é uma besteira sem tamanho. Faltam apenas informação e boa vontade para aprender. Fazendo uso do bordão das redes sociais dos últimos anos, nós realmente precisamos falar "sobre isso".

P.S.: SE VOCÊ TAMBÉM LIA VALÉRIA PIASSA POLIZZI, NO INSTAGRAM É POSSÍVEL VER QUE ELA ESTÁ MUITO BEM, OBRIGADA! POSTA FOTOS DE ANIMAIS, PLANTAS, NATUREZA E SEUS SOBRINHOS.

P.P.S.: SE VOCÊ É A VALÉRIA PIASSA POLIZZI, OBRIGADO POR TANTO! SEUS TEXTOS ERAM UM AFAGO EM MINHA ADOLESCÊNCIA. VAMOS SER AMIGOS?

Luiz Mott
O EDUCADOR NA LINHA DE FRENTE

LUIZ ROBERTO DE BARROS MOTT é um pesquisador paulistano. É também antropólogo, ativista e militante — uma das maiores referências quando falamos sobre a história do movimento LGBTQIAP+ no Brasil.

★ 1946

Este e tantos outros livros beberam muito da fonte de Luiz Mott. Seu trabalho é fundamental. Muito da pesquisa histórica aqui presente é fruto dos documentos resgatados por Mott, a exemplo do capítulo sobre a Inquisição. Foi Mott, ao lado de Ronaldo Vainfas, que ajudou a trazer à tona os registros de homossexualidade presentes naqueles papéis.

Mott é uma figura tão importante quanto polêmica. Ao longo da vida, colecionou rusgas com algumas vertentes do movimento T e chocou brasileiros quando lançou o livro **Homossexuais da Bahia: dicionário biográfico (séculos XVI-XIX)** (Editora Grupo Gay da Bahia, 1999). Nessa enciclopédia de pessoas, Mott baseou-se em registros históricos que sugeriam ser homossexuais Santos Dumont, Mário de Andrade e Zumbi dos Palmares. É categórico ao dizer "dai aos gays o que é dos gays", defendendo o estudo e o não apagamento de sua história.

Por conta disso, já chegou a sofrer ataques. Em 1995, teve o muro de casa pichado e o carro depredado. Mas os assédios e as ameaças nunca o intimidaram. Como cientista social formado pela Universidade de São Paulo (USP), luta por uma história mais justa e conta o que descobre em seus estudos e pesquisas.

A ILUSTRAÇÃO DE LUIZ MOTT FOI BASEADA NA FOTO FEITA POR ROBERTO DE ABREU.

O ÍCONE ALÉM DOS TÍTULOS

LUIZ MOTT VEIO DE UMA família grande, com oito irmãos. Foi criado de acordo com os dogmas do catolicismo e chegou a ser seminarista na adolescência. Desse período, agradece por ter aprendido a cuidar de plantas e tido contato com diversas línguas como inglês, francês, latim e grego, além de começar a apreciar música clássica e ter desenvolvido senso de disciplina.

Por conta do envolvimento com a religião, entendia o sexo e a própria sexualidade como coisas pecaminosas. Só foi realmente viver sua homossexualidade mais tarde, já na faculdade.

Foi nesse período que passou a se envolver com a antropologia. Começou a estudar o Nordeste e seus povos. "Havia pessoas que me chamavam de Luiz da Bahia porque gostava muito de lá", revelou em seu blog. Estudou as feiras rurais de Sergipe e atravessou o Atlântico, ao ganhar uma bolsa para fazer mestrado na França.

De volta ao Brasil, morou em Campinas, mas queria mesmo o sol e o calor do Nordeste. Chegou a Salvador e fundou um grupo de discussão sobre homossexualidade, fazendo uma chamada para todas as "bichas baianas". O primeiro encontro aconteceu em 29 de fevereiro de 1980: Mott gosta de ressaltar a data pelo efeito cósmico e mágico de se começar um projeto num dia do calendário que só ocorre a cada quatro anos.

As dezessete pessoas reunidas no apartamento de Mott fundaram o Grupo Gay da Bahia (GGB). Os encontros não eram muito divulgados, havia um medo da ditadura que ainda estava em curso no país.

Em 1981, a primeira luta do coletivo foi tentar retirar a homossexualidade (que ainda era chamada de "homossexualismo") da lista de doenças da Organização Mundial da Saúde (OMS). Ganharam aliados como o político Ulysses Guimarães, o antropólogo Darcy Ribeiro e os músicos Gilberto Gil e Caetano Veloso. Em 1985, com a pressão feita pelo grupo, o Conselho Federal de Medicina (CFM) brasileiro deixou de considerar a orientação como uma doença. A OMS só tomaria decisão similar, oficialmente, anos depois, em 17 de maio de 1990 — para efeito de comparação, a transexualidade teve a mesma vitória na lista da OMS somente em 2018.

Atualmente, com mais de quarenta anos de existência, o grupo está em atividade e é responsável por um apanhado anual sobre os casos de violência contra pessoas LGBTQIAP+. O relatório é feito com base em notícias de jornais e uma grande pesquisa em sites que relatam essas mortes ao longo do ano.

Quando a pandemia de covid-19 explodiu, Mott estava no olho do furacão, ilhado na Itália, sem maneiras de voltar ao Brasil. O país europeu registrava, naquele momento, 11 mil mortes pela doença e era o epicentro da pandemia. Passados vários meses, retornou a Salvador, e, mesmo sem poder militar presencialmente, já estava presente nas redes sociais, local em que divulga eventos e posta ainda fotos de suas experimentações na cozinha. Além, é claro, de levantar discussões polêmicas, como em 2021, quando um cardeal de Salvador celebrou uma missa na capela Sagrada Família em razão das vítimas por transfobia e Mott criticou o feito, apontando o foco apenas no movimento de pessoas trans e travestis e a exclusão das outras letras da sigla. Se não fosse assim, não seria ele.

Continue por aqui
LEIA BAHIA: INQUISIÇÃO & SOCIEDADE (EDUFBA, 2010).

Ricardo Corrêa da Silva

A LENDA DA RUA AUGUSTA

JÁ VAMOS COMEÇAR tirando o elefante branco da sala e citando o apelido pejorativo pelo qual Ricardo era conhecido nas ruas de São Paulo. Ele era chamado de Fofão da Augusta, a partir do personagem dos anos 1980 do programa **Balão Mágico**.

Não gostava do apelido, que zombava de sua aparência física, especificamente do rosto, modificado por silicone injetável aplicado dentro de casa. Vagner, seu namorado de então, é quem fez o procedimento, sem qualquer cuidado profissional. Anos depois, o silicone cedeu, fazendo as bochechas "caírem" e alterando a face do maquiador. Causava estranhamento e curiosidade onde passava, o que o tornou uma figura quase mítica.

Ricardo, porém, não era só aquele rosto. Ricardo Corrêa da Silva tinha nome e sobrenome. Nasceu em Araraquara, no interior de São Paulo. Tinha três irmãos. Como muitas outras pessoas LGBTQIAP+, mudou-se para a capital em busca de trabalho e liberdade. Era cabeleireiro e maquiador. Entre 1980 e 1990, teve clientes globais. Gostava das grandes divas e trabalhou com personalidades como Glória Menezes e Ana Maria Braga.

Chegou a ser sócio de um salão de beleza na Vila Ma-

★ 1957

† 2017

103

riana, em São Paulo, e foi ali que seu auge e derrocada aconteceram. Segundo relatos de quem conviveu com Ricardo nessa época, a outra dona do local teria dado um golpe em Ricardo e do salão ele acabou indo direto para as ruas. Sem ter como se sustentar, maquiava o rosto e pedia dinheiro nos semáforos, além de distribuir panfletos de peças teatrais.

Na rua, Ricardo era por vezes agressivo. Havia sido diagnosticado com um quadro de esquizofrenia aguda e não era recomendado que vivesse sozinho. Segundo os médicos, não tinha controle sobre a própria vida. Longe da família, com quase sessenta anos, vivia em pousadas baratas, com diárias de 25 reais.

UM MINUTO DE ALEGRIA

EM 2008, A PRODUTORA Aline, da festa Vai!, convidou Ricardo para ficar na porta da boate recebendo as pessoas. A festa aconteceria no Clube Glória, boate construída em uma antiga igreja. Ele participou de três edições, e foram momentos de alegria no meio do caos de sua vida. Enxergava-se ali como artista, conectado com a função de levar alegria para quem estivesse presente.

Ricardo faleceu em dezembro de 2017 por conta de uma parada cardíaca. Três meses antes, sua história havia sido contada em uma extensa reportagem publicada no site BuzzFeed, escrita pelo jornalista Chico Felitti. Viralizou.

Felitti contou o verdadeiro o nome do maquiador e revelou quem estava por trás daquele apelido jocoso. Também ajudou seu biografado com papeladas em uma internação de hospital e o colocou em contato, mesmo que por telefone, com o maior amor de sua vida, Vânia. Ela tinha sido sua parceira nas intervenções cirúrgicas e na vida que compartilharam por um período. Vânia é travesti e se radicou na Europa, onde vive até hoje. A história dos dois é contada no livro **Ricardo e Vânia**, lançado em 2019, escrito pela fada madrinha dos últimos anos de Ricardo, o próprio Chico Felitti.

Continue por aqui

LEIA RICARDO E VÂNIA: O MAQUIADOR, A GAROTA DE PROGRAMA, O SILICONE E UMA HISTÓRIA DE AMOR, DE CHICO FELITTI (TODAVIA, 2019).

João W. Nery

O PIONEIRO

EM 1977, A CIRURGIA de redesignação sexual era proibida no Brasil. A transexualidade, sob o termo de "transtorno de identidade de gênero", estava na lista da Organização Mundial da Saúde (OMS), considerada doença ou distúrbio mental. Vivendo durante a ditadura militar, João W. Nery, aos 27 anos, conseguiu, de forma clandestina, driblar as leis do país e finalmente ter o corpo que fazia sentido para ele. Foi a primeira pessoa a passar por esse tipo de cirurgia de redesignação sexual no Brasil. Seu cirurgião, Roberto Farina, chegou a ser preso por mutilação.

★ 1950

† 2018

Nos anos 1970, adotar um nome social nos documentos de registro era algo tão impensável quanto fazer uma cirurgia de redesignação sexual. Como João já não condizia com a imagem encontrada em seu RG, foi ao cartório e tirou um novo registro. Precisava da nova documentação para conseguir trabalhar. Alegou ter dezoito anos e disse que queria trabalhar nas Forças Armadas. Fez tudo na surdina, torcendo para não ser descoberto.

Viveu na ilegalidade utilizando dois CPFs. De um lado, era um novo João, que teria que começar uma vida profissional a partir dali. Do outro, era psicólogo formado e professor. Abriu mão dos dois títulos para conseguir viver sua vida longe do padrão que lhe era imposto.

A partir de então, João foi se (re)construindo. Trabalhou como pedreiro, massagista e vendedor. Viveu toda uma jornada até se tornar referência nas pautas LGBTQIAP+. Para que isso acontecesse, ele registrou sua história. As pessoas precisavam de referências. Precisavam conhecê-lo.

Em 1984, lançou sua primeira autobiografia, **Erro de pessoa**. Era mais um momento de pioneirismo de João, já que não existiam muitos livros sobre a temática no Brasil — a título de curiosidade, outros livros lançados por homens trans nessa época foram o de Anderson Herzer, composto por poemas e textos autobiográficos, chamado **A queda para o alto** (1982), e o de Lóris Ádreon, **Meu corpo, minha prisão: Autobiografia de um transexual** (1985).

O segundo livro de João atualizava sua jornada. Em **Viagem solitária: Memórias de um transexual trinta anos depois**, é possível acompanhar os outros passos de João até 2012. A terceira autobiografia se passa já no ano de sua morte.

ABRE-ALAS

MUITOS RELATOS DE pessoas trans brasileiras envolvem o Carnaval. Como um ponto específico de nossa cultura, essa festa permite extravasar sentimentos e faz com que tudo seja possível. A fantasia — literal e metafórica — é permitida. A máscara ao mesmo tempo esconde o desejo e também faz as vontades virem à tona. A professora e mulher trans Amara Moira, por exemplo, relata que a data foi importante para que ela se descobrisse. As roupas que vestiu ali não saíram mais de seu corpo.

A ILUSTRAÇÃO DE
JOÃO W. NERY FOI
BASEADA NA FOTO FEITA
POR LUCAS ÁVILA.

João W. Nery não seria exceção. Ele conta, em um de seus últimos textos, que nasceu num domingo de Carnaval, antes de o dia clarear. "Deve ser por isso que desde então vivi fantasiado." Com minha petulância, vou ter que discordar de João. Revendo sua trajetória, algo que ele não fez foi se mascarar. Precisou se mostrar para poder existir. De fantasia, só podemos considerar seu inconfundível chapéu-panamá, sempre com ele. Mas não é justo dizer que alguém que precisou dar tanto a cara a tapa se fantasiou. Ele lutava de cara limpa.

João faleceu em 2018, depois de lutar contra um câncer de pulmão. Foi casado três vezes e deixou um filho chamado Yuri. Aqui também foi pioneiro, sendo pai fora do que esperava a forma vigente. Como ato final, escreveu sua terceira e última autobiografia, o livro **Velhice transviada** (Objetiva, 2019). Aqui, fala sobre a infância, faz um balanço de sua vida e, sobretudo, conta como é ser um homem trans mais velho. Um privilégio no Brasil — país que tem como expectativa de vida para uma pessoa trans 35 anos, contra 75,5 anos para a população em geral.

O epílogo do livro foi escrito dois dias antes de sua morte. No último parágrafo, com tom premonitório, João agradece à vida e pede, quase como em uma oração: "que venha o que tiver que vir".

Continue por aqui

LEIA O LIVRO VIAGEM SOLITÁRIA: MEMÓRIAS DE UM TRANSEXUAL TRINTA ANOS DEPOIS (LEYA, 2011) E VELHICE TRANSVIADA: MEMÓRIAS E REFLEXÕES (OBJETIVA, 2019).

Roberta Close

"A MULHER DA MODA no Brasil, hoje, a mais cobiçada, a mais sensual, a mais fotografada, perseguida e até beliscada em suas aparições públicas é... um homem." Esta frase foi veiculada no jornal **Folha de S.Paulo** em 31 de maio de 1984. Era o texto de abertura de uma matéria sobre a modelo que tinha como título "Roberta Close, a bela esfinge". Voltando àquele ano e observando a maioria dos títulos que a imprensa usava para definir Roberta na época, este era mais um dentre tantos que falavam de maneira jocosa sobre ela.

1964

Nascida no Rio de Janeiro, descobriu cedo que seu corpo não correspondia fielmente ao gênero com o qual se identificava. Tinha genitália com traços femininos e masculinos. Descobriu, anos depois, ser uma pessoa intersexo. A informação foi revelada no **Programa do Gugu**, em 2015. Na ocasião, o termo que ela utilizou para se definir foi "pseudo-hermafrodita" — termo que não é mais utilizado —, por ter nascido com mais características físicas masculinas do que femininas.

Esta é inclusive uma das grandes lutas do movimento intersexo. Quando uma pessoa intersexo nasce, geralmente fica a critério dos pais escolher o gênero segundo o qual será criada — o que por vezes envolve cirurgia. Anos mais tarde, porém, a criança pode se identificar com um gênero diferente.

No caso de Roberta, ela foi criada, até o começo da adolescência, com outros dois irmãos: os três eram tratados e vestidos como homens. Foi aos catorze anos que a mãe a levou ao médico e Roberta iniciou um tratamento com hormônios femininos.

Quando estampou a capa da revista **Close** — sim, dali surgiu seu nome artístico! — em 1980, uma chamada trazia um balão de fala em sua boca com os dizeres: "Desisti de ser homem aos catorze anos". Todos os passos de sua transição e de sua vivência como mulher foram noticiados na mídia em algum momento.

Por exemplo, toda a luta que travou para conseguir mudar seus documentos. Pela forma que a Justiça conduzia o assunto na época, a decisão de permitir mudanças em documentos de pessoas trans e travestis estava relacionada à cirurgia de transgenitalização. A saga de Roberta nesse campo começou em 1989, quando ela passou pela cirurgia. O pedido para resolver essas questões burocráticas aconteceu em 1990. Na ocasião, ela pedia a alteração de seu nome de batismo e que no campo "sexo" constasse "feminino". A mudança de nome não foi aceita, mas o sexo agora aparecia como "feminino (operado)". Em 1997, teve o direito barrado novamente. Foi só em 2005, quinze anos depois, que a saga foi concluída e finalmente ela mudou seu registro para Roberta Gambrine Moreira.

EXPERIMENTO NACIONAL

ESTUDAR A VIDA DE Roberta Close é quase documentar um experimento nacional acerca da sexualidade de uma

pessoa. Na matéria da **Folha** citada, ela chegou a falar sobre isso: "Às vezes me sinto num jardim zoológico". Quando ela era a pauta, falava-se sobre "enganar pelas aparências". Ela era "o enigma", "o que está escondido".

Em 1984 a discussão ganhou ainda mais corpo. Roberta era modelo e fazia fotos sensuais. Foi parar na capa da **Playboy**, mas não como a modelo principal da capa. Em um cantinho no lado direito da edição, uma foto de Roberta era acompanhada da chamada "As fotos revelam por que Roberta Close confunde tanta gente!". Era a primeira pessoa considerada trans pela mídia a estampar a publicação em território nacional — depois dela, apenas a atriz Telma Lipp e a ex-BBB Ariadna repetiram o feito.

A revista esgotou em três dias. Duzentos mil exemplares da primeira tiragem foram comprados. Ela ainda não havia feito a cirurgia de redesignação sexual. Nas páginas da publicação, sua genitália não era mostrada; mesmo assim, o sucesso de vendas foi tão gigante que a redação da revista correu para lançar um especial apenas com fotos de Roberta pouco depois.

Ela voltaria à capa da **Playboy** em 1990, um ano depois de ter passado pela cirurgia que realizou em Londres. Dessa vez, a abertura do ensaio focava no que chamaram de "novo corpo" de Roberta: "Terminou com um esperado happy end o enigma que há seis anos fascinava milhões de fãs — o mito Roberta Close se transformou numa mulher". De novo, a "transformação" ocupava o ponto principal da história.

Em 2010, haveria ainda um último capítulo a esse respeito. Na edição de aniversário da revista, que tinha a atriz Cleo Pires na capa, um gráfico trazia as mulheres que haviam saído na publicação em seus 35 anos de vida. "94 atrizes", "12 namoradas de jogadores", "23 atletas" e "2 homens". De uma forma ainda mais absurda do que fizeram lá atrás, Roberta era citada absurdamente como sendo um homem na capa da revista.

Roberta realmente foi um fenômeno. Depois desse período tumultuado com a mídia, mudou de país. Foi para Zurique, na Suíça, afastou-se dos holofotes. Em 2015, voltou ao Brasil para dar uma entrevista ao **Programa do Gugu**, na rede Record. Foi ali que revelou sua condição prévia de intersexo. Pelos termos usados por ela, podemos notar o quanto o assunto evoluiu e, ainda, o quanto há para se aprender com a história de "La Close".

Continue por aqui
LEIA A BIOGRAFIA MUITO PRAZER, ROBERTA CLOSE, DE LUCIA RITO (RECORD, 1998).

Brenda Lee

A ANJA DA GUARDA DAS TRAVESTIS

SABE AQUELAS HEROÍNAS que têm menos reconhecimento do que merecem? É o caso de Brenda Lee, alguém que passou a vida na linha de frente, lutando por si e pelos outros.

★ 1948
✝ 1996

Como mulher trans, o fato de existir e estar viva era por si só uma vitória. Tinha um corpo que incomodava os outros — um corpo político, que por onde passava atraía olhares. Um corpo que corria perigo só por estar exposto nas ruas.

Brenda nasceu em Pernambuco e se mudou para São Paulo aos catorze anos. Desde nova já entendia a própria sexualidade e o não pertencimento ao gênero que lhe foi atribuído. Fez a transição de gênero assumindo o nome de Caetana. Brenda Lee foi um nome que veio depois, e que a acompanharia até a morte.

Sua trajetória pode ser traduzida como a de uma vida de acolhida. Brenda fazia de tudo para ajudar suas iguais; recebia na própria casa travestis que haviam sido expulsas de seus lares, que haviam apanhado na rua e não tinham onde morar.

Com um número cada vez maior de pessoas necessitadas batendo à sua porta, o local precisou se profissionalizar. Ficou conhecido como Palácio das Princesas, e Brenda ganhou o apelido de Anja da Guarda das Travestis. Era ela a rainha daquele pequeno palácio localizado no número 779 da rua Major Diogo.

INTERROMPIDA

NÃO ERAM SÓ TRAVESTIS que viviam ali. Em 1984, quando os casos de HIV começaram a aumentar no Brasil, Brenda ignorou o tabu e o estigma acerca do tema e recebeu uma pessoa vivendo com HIV. Depois outra. E mais uma. Por fim, conseguiu um apoio, em 1988, da Secretaria de Saúde do Estado de São Paulo para acolher outras pessoas que viviam com HIV. Deixara de ser apenas pessoa física. Agora, também tinha um lar enquanto pessoa jurídica.

A história de Brenda foi interrompida de forma abrupta quando ela tinha 48 anos, em 1996. Foi encontrada morta dentro de uma kombi; o corpo tinha tiros no peito e na boca. O motivo: um golpe financeiro malsucedido que dois antigos funcionários da casa tentaram aplicar nela.

Eram os irmãos Gilmar e José Rogério Felismino. Amigos de Brenda chegaram a dizer que ela e Gilmar se relacionavam havia cerca de dois anos. Ele negou, dizendo ter uma noiva que estava grávida, mas confessou ter cometido o crime. O motivo? Brenda pagou o salário do funcionário em cheque, cerca de 950 reais. Gilmar alterou o valor, colocando para si o montante de 2950 reais. Não queria mais trabalhar na Casa e queria sair por cima. Brenda descobriu o golpe, mas pensou que outro funcionário havia cometido o crime. No mesmo dia, quando o sol se pôs, foi assassinada e só foi encontrada dois dias depois em um matagal na divisa de São Paulo e Mairiporã.

A casa continuou a existir. Desde 1992, quando Brenda ainda estava viva, se chama Casa de Apoio Brenda Lee. Fechou e reabriu diversas vezes, sempre com a missão de continuar acolhendo pessoas necessitadas de ajuda.

Em 2008, foi instituído o Prêmio Brenda Lee para homenagear pessoas e municípios que tomam boas medidas no combate ao HIV. E em 29 de janeiro de 2019, no Dia da Visibilidade Trans, o Doodle do Google — aquela imagem que aparece na página inicial do site — cedeu espaço para falar de Brenda e contar sobre o importante trabalho que ela fez para a população mais vulnerável do centro de São Paulo. A ilustração utilizada naquele dia é a que estampa a página oficial da Casa no Facebook. Que Brenda perpetue.

Continue por aqui

ASSISTA A DORES DE AMOR (1988), DOCUMENTÁRIO SUÍÇO-BRASILEIRO DIRIGIDO POR PIERRE-ALAIN MEIER E MATTHIAS KÄLIN QUE ABORDA A VIDA DE BRENDA, THELMA LIPP, CONDESSA, ANDREIA DE MAIO E CLAUDIA WONDER.

Silvetty Montilla

A DONA DE JOIAS E APARTAMENTOS

SILVETTY MONTILLA É AQUELA nossa tia desbocada que zoa toda e qualquer pessoa que encontra. Quem vê de fora fica um pouco assustado — às vezes, ela passa um pouco dos limites, mas quem está participando da brincadeira sabe que no fundo ela é puro amor.

Silvetty tem um estilo muito próprio: peruca geralmente curta ou black power e uma ostentação de colares e joias. Ao falar sobre as peças, ela brinca que com cada uma poderia comprar uma cobertura em Guaianases ou Osasco.

Silvio Cássio Bernardo é o oposto. Tímido, tem a fala mansa, é carinhoso com quem o entrevista. Nasceu no dia 10 de julho, em São Paulo: é canceriano. Para você que não entende de signos, o estereótipo de Câncer é alguém família. Depois da morte da mãe, seguiu morando com o pai e duas irmãs no bairro da Casa Verde, em São Paulo. Em 2021, perdeu o pai.

Chegou a passar em um concurso público para trabalhar como oficial de justiça do Ministério Público e durante quatro anos equilibrou o emprego que tinha de dia com a noite de Silvetty. Até que notou que, financeiramente, fazia mais sentido ficar só com a segunda jornada — o que era fácil para um notívago assumido. Como drag queen,

1967

começou a se montar com amigos e participou de concursos LGBTQIAP+ como o Miss Primavera e o Miss Brasil.

O MÉDICO E O MONSTRO

SILVIO É O CRIADOR, Silvetty é a criatura. Como acontece com muitos artistas que possuem uma personagem, Silvio aprendeu muito com Silvetty. Saiu mais de sua concha e pôde performar seu humor por meio do deboche dela.

Apaixonado pela língua portuguesa, recusa o título de drag queen, mas não se ofende com quem o utiliza. Desbravador da noite paulistana nos anos 1980, se adaptou à brasilidade que existe no termo "transformista". É um ator transformista, "um menininho de dia e que, à noite, se monta".

Em seus shows, Silvetty depende bastante da animação de seu público para que o espetáculo aconteça. É como uma apresentação de stand-up: ela joga para a plateia, eles devolvem com o riso. Sabe que o público LGBTQIAP+ é exigente: "ou você é boa, ou você é boa". Antes do início da pandemia, costumava se apresentar em boates. Chamava as pessoas para o palco. Roubava a atenção para ela.

Vi alguns de seus shows. São hipnóticos. Seu pensamento é rápido. Para efeito de comparação, ela participou de um episódio do programa **Trolalá**, da MTV, em que Tatá Werneck passava trote nas pessoas. A apresentadora é conhecida por falar rápido. Silvetty deixou Tatá sem fôlego em alguns momentos. Foi convidada novamente para aparecer na semana seguinte.

Com o microfone, na boate, segue praticamente um roteiro livre com seus bordões intercalando as falas. "Vou escolher três pessoas da plateia para subir no palco." É aquela hora em que o medo e o desejo de ser chamado e interagir com aquela lenda se misturam. Quem sobe ali vai ser sabatinado. Ela faz graça com o local de onde a pessoa veio, brinca que vai beijar o pretendente, ameaçando-o com caras e bocas. Tem uma autoestima de se vangloriar — não tem tempo ruim com Silvetty.

No palco, fica cerca de quarenta minutos por show. Já chegou a ter nove deles agendados na mesma noite. Hoje diminuiu o ritmo. Foi atingida financeiramente, como vários profissionais do entretenimento, no sombrio ano de 2020, por conta do isolamento social imposto pela pandemia de covid-19. Não titubeou: arregaçou as mangas, fez lives patrocinadas e vendeu rifas.

Apesar de ser quase uma filha da noite, trabalhando há 33 anos como transformista, seu talento já apareceu em outras mídias. No teatro, chegou a fazer parte do elenco fixo da peça humorística **Terça insana**. Também esteve na montagem de **Cartola: O mundo é um moinho**. Como apresentadora, esteve à frente do reality show exibido no YouTube, **Academia de Drags**, nos moldes do americano **RuPaul's Drag Race**, e no desenho brasileiro **Super Drags**, feito pela Netflix, dublou a personagem Vedete Champagne.

Assista à Silvetty. Valorize as drags locais que vieram antes de todas as outras. E se for chamado para subir ao palco dela, vá preparado, porque, se não gostar da brincadeira, o que receberá como resposta será um de seus famosos bordões: "É o que tem pra hoje!".

Continue por aqui
ASSISTA ÀS SÉRIES SUPER DRAGS, ANIMAÇÃO DE 2018 DA NETFLIX, E AS TRÊS TEMPORADAS DA ACADEMIA DE DRAGS NO YOUTUBE.

A festa por direitos na avenida Paulista

A TELEVISÃO BRASILEIRA durante os anos 1990 e o começo dos anos 2000 foi uma loucura: os domingos tinham a "Banheira do Gugu", de um lado, e Faustão servindo sushi no corpo de mulheres seminuas, de outro. Nas novelas, as personagens LGBTQIAP+ eram caricatas. Na **Praça É Nossa** atuava Vera Verão, que, embora seja uma personagem inspiradora para a nossa comunidade, tinha questões problemáticas em sua construção. No **Zorra Total**, o autor Lucio Mauro Filho, heterossexual, interpretava o efeminado Alfredinho, cujo pai sempre o questionava com o bordão "Onde foi que eu errei?".

Essa era então a entrada da comunidade LGBTQIAP+ na grande mídia, e era bastante problemática. Cheia de preconceitos, desfigurava nossos sentimentos, colocando-nos como caricaturas estereotipadas. Aquela frase, que ainda nem existia, já fazia sentido: "LGBT, que povo animado".

Ainda era difícil sair do armário, e muito raramente pessoas presentes na grande mídia falavam de sua orientação sexual. Não que hoje todo mundo o faça, mas naquela época era ainda tudo mais difícil.

Mas, desde 1997, havia um dia do ano em que a mídia voltava as atenções para nós. O motivo: a Parada do Orgulho LGBTQIAP+. Acontecendo geralmente em junho, o evento vem atraindo milhares de pessoas desde o seu surgimento. É o dia do ano em que nossas pautas ganham voz e que estamos na rua como um grupo.

CAMINHANDO E LUTANDO

PARA ENTENDERMOS COMO a Parada ganhou força no Brasil, precisamos voltar um pouquinho no tempo. Era 1995, e a 17ª Conferência da Associação Internacional de Lésbicas e Gays no Rio de Janeiro acontecia. Ao final do evento, uma passeata com os presentes foi proposta. Ali nascia a Marcha pela Cidadania Plena de Gays e Lésbicas, considerada por muitos a primeira Parada do Orgulho.

Mas foi em São Paulo que ela encontrou seu lugar. Naquele ano de 1997, ainda sob o nome de Parada do Orgulho GLT, cerca de 2 mil pessoas foram às ruas para lutar pelos nossos direitos. O tema daquele ano foi "Somos muitos, estamos em todos os lugares e em todas as profissões". Nos mais de vinte anos do evento, outros motivos de reivindicações que levaram as pessoas às ruas foram: educação, direito à família, criminalização da homofobia, respeito, religião, voto, entre outros.

Em 2011, estima-se que ela chegou ao auge em termos de quantidade de público. Segundo a organização do evento, teriam sido cerca de 4 milhões de pessoas tomando a avenida Paulista.

Aos poucos, foram surgindo muitas outras paradas ao redor do país, acontecendo em diferentes períodos do ano, mas sempre nos meses maio, junho e julho.

Existem diversas críticas ao caminho tomado pelo movimento da Parada. Há quem acredite tratar-se apenas de uma festa e que os reais motivos de luta do evento se esvaziaram nos últimos anos. Mas o fato é que este é um dia em que toda pessoa LGBTQIAP+ pode se expressar na rua da forma que quiser e se sentir parte daquele todo. Há uma potência gigante nisso.

QUER TC?

É IMPOSSÍVEL FALAR sobre os anos 1990 sem citar um evento: o comecinho da internet. A era pré-redes sociais. Muita gente fez suas primeiras descobertas ali, conversando e tirando dúvidas com outras pessoas LGBTQIAP+. Afinal, antes disso não se falava sobre o tema, não era possível se identificar com conhecidos nem se reconhecer em outras pessoas. Um dos melhores locais para essas conversas era no famigerado bate-papo do UOL.

Criada em 1997, a sala virtual era um espaço para troca de mensagens diretas com pessoas que você não conhecia. Ali era possível conversar com outros sem revelar necessariamente sua identidade: era o local perfeito para conseguir falar de seus desejos, dramas e curiosidades com estranhos — até porque quem iria te julgar, não é mesmo?

Se a conversa fosse boa e saísse do virtual, era preciso ter coragem e confiança. Marcar um encontro em um local público. Não existiam câmeras digitais de fácil acesso, portanto não havia foto nem vídeo. Para conhecer alguém pessoalmente era necessário confiar e acreditar nas definições descritas em texto, naquele estilo: "Tenho 1,75m, 82 kg, olhos e cabelos pretos, uso óculos. Estarei vestindo uma camisa vermelha e vou estar segurando uma rosa".

O bate-papo do UOL andou para que o Tinder pudesse correr.

Jorge Lafond

A BICHA QUE NÃO QUERIA SER

★ 1952

† 2003

A PALAVRA "BICHA" ASSUSTA. É um dos clássicos xingamentos que precisou ser ressignificado dentro da comunidade LGBTQIAP+ para existir numa forma afetiva. Para definir uma expressão e uma resistência.

Jorge Lafond, ou melhor, Vera Verão podia ser tudo, menos bicha. Dona do bordão "Eeeeeeeeepa! Bicha não!", Vera era fruto do humor questionável e datado do programa **A Praça É Nossa**, do SBT. O texto falado por ela era carregado dos estereótipos da "bicha preta barraqueira" e de forma alguma fazia jus à potência de Lafond.

Vera era *A* referência LGBTQIAP+ para as crianças viadas (como eu) nos anos 1990. Aquele era um tempo escasso de referências reais e plurais na televisão. Ter um homem negro com quase dois metros de altura efeminado nos lares da população brasileira era transgressor. Talvez por isso o tom das piadas — que fariam a personagem ser cancelada nos dias de hoje — precise ser hoje ignorado, restando apenas o enaltecimento da pessoa que encarnava Vera Verão.

Antes de interpretá-la, Jorge trabalhou, ainda adolescente, em uma oficina mecânica e em um parque de diversões. Tinha uma cobrança interna gigantesca e estudava muito para provar sua importância. Não queria dar qualquer brecha para ser criticado. Representava várias minorias e sabia que qualquer falha lhe custaria os espaços que havia alcançado.

Jorge Lafond era um ARTISTA. Em caixa-alta. Nasceu Jorge Luiz Souza Lima — o sobrenome artístico veio da atriz Monique Lafond, que autorizou o uso. Nas artes, também era um dançarino exímio, pois começou no balé aos nove anos de idade. Tinha dois diplomas: em educação física pela Universidade Castelo Branco (UCB) e em artes cênicas pela Universidade Federal do Estado do Rio de Janeiro (Unirio). Na TV, fez parte do balé do **Fantástico** e também do humorístico **Os Trapalhões** — foi lá que a personagem Vera Verão apareceu pela primeira vez.

Tinha referências bem brasileiras e específicas, como Chacrinha e Clodovil. O estilista era o único gay que tinha um programa de televisão nessa época, mas Jorge se desencantou depois de ser entrevistado por ele: sentiu que sua ironia procurava diminuí-lo.

A BICHA E O PADRE

EM 2002, JORGE CONSEGUIU o título de rainha de bateria da escola de samba Unidos de São Lucas (SP), sendo o primeiro homem a performar como rainha no Sambódromo.

Lafond morreu menos de um ano depois desse Carnaval, em 2003. Sofreu uma parada cardiorrespiratória. Em sua última entrevista — disponível no YouTube —, falou ao programa **TV Fama**, da RedeTV!, sobre a polêmica que depois viria a ser mencionada como uma das causas de sua morte. Semanas antes, Lafond havia participado do programa **Domingo Legal**, do SBT, caracterizado como

Vera Verão. O padre Marcelo Rossi também era um dos convidados naquele dia e se recusou a dividir o palco com ele. Pediram que Lafond fosse ao camarim vestir uma "roupa de homem". Ele só pôde voltar ao palco quando o padre saiu. Chateado, foi parar no hospital depois que sua pressão subiu e chegou a ser internado.

Ainda na entrevista, ele afirma ter sofrido por ter misturado os remédios para emagrecimento que estava tomando, pontuando o acontecimento como a gota final para que tudo explodisse. "A minha mágoa, ela é de não ter podido mandar ele para aquele lugar. Se eu tivesse feito isso, com certeza a minha adrenalina estaria normal."

Continue por aqui

ASSISTA AO VÍDEO "ELKE MARAVILHA ENTREVISTA JORGE LAFOND", DISPONÍVEL NO YOUTUBE, DO PROGRAMA ELKE, DE 1993.

Leci Brandão

A MULHER QUE FAZ SAMBAR

A IMAGEM QUE SEMPRE me vem à cabeça ao pensar em Leci Brandão é a de uma mulher simpática, baixinha, com o cabelo vermelho e uma voz potente. A de uma carioca que fez berço no Carnaval do Rio de Janeiro e que bota a gente para sambar!

★ 1944

Leci é tudo isso sim. Também é pioneira, autodidata e conseguiu entrar em locais que não tinham mulheres. Sim, minha gente: uma das maiores sambistas do Brasil é uma mulher negra e lésbica.

A história de Leci começa na Zona Norte do Rio, mais especificamente em Madureira. Nascida nesse bairro, criou-se na verdade em Vila Isabel, ao lado da mãe Lecy de Assunção Brandão e do pai Antônio Francisco da Silva. Antônio faleceu cedo na vida de Leci — a filha, que se escreve com "i", ao contrário da mãe —, o que fez com que tivesse que começar a trabalhar mais cedo.

Autodidata, influenciada pelas referências que possuía do rádio, aprendeu a tocar pandeiro e surdo. Nessa época, ouvia samba e choro. Começava cedo sua interação com a música.

Sua primeira composição aconteceu quando completou 21 anos. Chamava-se "Tema do amor de você". Pouco tempo depois, participou do programa **A Grande Chance**, do jornalista Flávio Cavalcanti. Era uma espécie de show de auditório com notas para os cantores que se arriscavam no palco. Leci foi vencedora no dia de sua participação.

UMA VIDA DE MÚSICA E MILITÂNCIA

A GRANDE IMPORTÂNCIA de Leci para a música brasileira começa a se desenhar em 1972. Naquele ano, ela integrou a equipe de compositores da escola de samba Estação Primeira de Mangueira. Foi a primeira mulher a ocupar aquele espaço ao lado de inúmeros homens. Ainda naquela década, ela e dona Ivone Lara se tornaram os nomes femininos para o samba brasileiro.

Obviamente não foi fácil. Em entrevista para o jornal **Lampião da Esquina**, em 1978, Leci conta que chegou a sofrer discriminação por ser mulher e por não ter sido criada no morro da Mangueira.

Lutas como essa, de ocupar o próprio espaço, viraram letras de música. Cantou sobre a ditadura militar, sobre o lugar da mulher, sobre dois homens e duas mulheres poderem se amar. Ela coloca sua voz repetidamente como instrumento de abrir caminhos para quem não consegue ser ouvido.

No álbum de 1977, **Coisas do meu pessoal**, Leci escolheu como música de abertura do álbum "Ombro amigo". Apesar de ter feito parte da novela **Espelho mágico**, da Rede Globo, a aceitação não foi imediata pela gravadora. Em

> "A gente já é marginalizado, de cara, pela sociedade. Então a gente se une, se junta, dá as mãos. E um ama o outro, sem medo nem preconceito."
>
> LAMPIÃO DA ESQUINA (1978)

seus versos, Leci contava a história de um amor proibido, de pessoas do mesmo gênero que precisavam ir para uma boate para poder conversar. De um amor escondido, cheio de saudades. Entoava em um dos versos: "Eu sei que as pessoas lhe agridem/ E até mesmo proíbem/ Sua forma de amor".

"Ombro amigo" é um dos exemplos da extensa produção de Leci, que chegou a gravar mais de quarenta álbuns, entre inéditas e coletâneas, em mais de quarenta anos de carreira.

A forma afrontosa de se posicionar também rendeu brigas com a gravadora. Houve um período em que Leci bateu o pé e decidiu que não gravaria mais. Ficou cinco anos sem lançar nada. Era uma forma de protestar contra as gravadoras — no plural! — que não aceitavam o tom político de suas canções.

Para o povo, Leci cantava: participava de eventos de sindicalistas, do movimento negro e partidos de esquerda. Essa base construída em seus temas de luta foram essenciais para a carreira política que se desenharia muitos anos depois.

UMA VAGA NA ASSEMBLEIA LEGISLATIVA

APESAR DE NASCIDA NO RIO, a carreira política de Leci Brandão se dá em São Paulo. Em 2010, pelo Partido Comunista do Brasil (PCdoB), ela ocupa a carreira de deputada estadual pela primeira vez. Na ocasião, recebeu mais de 86 mil votos. O feito se repetiria em 2014, com 71 mil votos, e em 2018, com 64 mil.

Se nas músicas ela já lutava de peito aberto, não seria diferente tendo um cargo político. Em suas batalhas, a prioridade são os povos indígenas, quilombolas, jovens, mulheres, pessoas LGBTQIAP+, negros e pobres. Ainda no fim do segundo mandato, apresentou cem projetos e teve 37 leis aprovadas.

Por fim, tornou-se conselheira da Secretaria Nacional de Políticas de Promoção da Igualdade Racial e membro do Conselho Nacional dos Direitos da Mulher. Ou seja, é daquelas que honra a cadeira que a população paulistana lhe deu e faz de tudo para lutar por si e pelos outros.

Precisamos de mais Lecis no Congresso. Precisamos de mais Lecis no samba. E é para isso que ela se coloca na linha de frente. Para que todas as diversidades sejam abraçadas.

Continue por aqui
ESCUTE A PARTICIPAÇÃO DE LECI BRANDÃO NO PODCAST DE MANO BROWN: MANO A MANO (SPOTIFY).

"Eu sei que as pessoas lhe agridem
E até mesmo proibem
Sua forma de amor
E você tem que ir pra boate
Pra bater um papo
Ou desabafar

E quando a saudade lhe bate
Surge um ombro amigo
Pra você chorar
Num dia sem tal covardia
Você poderá com seu amor sair
Agora ainda não é hora"

LECI BRANDÃO, "OMBRO AMIGO"

Avanços políticos.

(Não existe Kit Gay)

A PRIMEIRA DÉCADA DOS anos 2000 foi marcada por alguns movimentos políticos importantes. Com a chegada do presidente Lula ao poder, alguns movimentos finalmente começaram a ganhar força. Toda a luta iniciada no período entre as décadas de 1970 e 1980 finalmente ganhou corpo, chegando a locais maiores, em âmbito nacional.

Um dos fortes exemplos é Brasil Sem Homofobia — Programa de Combate à Violência e à Discriminação contra GLTB e de Promoção da Cidadania Homossexual. Lançada em 2004 pelo governo federal, durante o governo de Luiz Inácio Lula da Silva, a iniciativa focava no combate à violência e ao preconceito contra a população GLBT — termo utilizado na época e que viria a mudar, em 2008, para LGBT. Hoje, o termo mais completo para se dirigir à comunidade como um todo é LGBTQIAP+.

Dentre os objetivos do documento, havia o apoio e fortalecimento de instituições públicas e ONGs que combatessem a homofobia e a capacitação de profissionais que atuavam na defesa dos direitos humanos. Isso incluía o apoio a professores, em relação direta com o projeto Escola sem Homofobia, que tinha como objetivo distribuir materiais sobre diversidade. A iniciativa só saiu do papel em 2009, com Dilma Rousseff presidenta e Fernando Haddad como ministro da Educação, mas foi vetada em 2011 após a repercussão negativa. Ficou conhecido pela alcunha dada pelos políticos conservadores: "kit gay".

Era um documento que realmente se propunha a empoderar pessoas LGBTQIAP+ em diversos âmbitos. Um avanço que ainda não havia sido atingido no âmbito governamental. Mas, passados vários anos de sua criação, depois de diversos embates políticos que envolviam a bancada conservadora, infelizmente pouco foi feito para que ações efetivas saíssem do papel.

Em 2004 também surgiu a campanha Travesti e Respeito, voltada especificamente para o combate à transfobia. No dia 29 de janeiro, 27 travestis, mulheres e homens trans estiveram no Congresso Nacional para acompanhar o lançamento. Era a primeira campanha nacional desenvolvida pela e para a população T. A data ficou reconhecida como o Dia da Visibilidade Trans e é comemorada anualmente. Nesse período, ficavam cada vez mais claras as diferenças que compunham cada letra da sigla.

Essa discussão também chegava ao campo da interseccionalidade. Começava uma movimentação de outros grupos sociais alinhando as pautas LGBTQIAP+. Foi o caso da Rede Afro LGBT.

Criado em 2005, o grupo buscava olhar para as questões de raça e sexualidade de maneira combinada. Seus membros entendiam que as lutas dos movimentos que integravam separadamente não davam conta das dores específicas dessa população. Para exemplificar, uma mulher lésbica negra sofre mais preconceito do que um homem branco gay. Aqui, nós temos os aspectos de diversidade sexual, de gênero e de raça que envolvem os preconceitos que atuam sobre o modo como uma mulher, uma pessoa negra e alguém que não é heterossexual são vistos pela sociedade.

Essa década também foi o começo das redes sociais. Do Orkut, do Facebook, do Twitter e do Instagram. As discussões sobre sexualidade avançaram bastante nesses ambientes e tornaram mais fácil o encontro de pessoas que compartilham os mesmos ideais e as mesmas vivências. Com isso, chegava também o textão e profissões impossíveis de se imaginar até então.

É a revolução da internet. A gente ocupando novos espaços e, como sempre, resistindo!

Lacraia

A DANÇARINA DE PASSO ACELERADO

COM UMA SAIA COLEGIAL vestida por cima de uma meia-calça, boina na cabeça e um cropped, tudo colorido e combinando, uma dançarina de funk aparecia nos palcos e na TV ao lado do funkeiro MC Serginho no início dos anos 2000. Ela segurava as próprias mãos fazendo um arco por cima da cabeça, enquanto rapidamente passava um pé na frente do outro. A música em questão era "Eguinha pocotó", um hit gigantesco que era apresentado todos os finais de semana em programas de televisão e chegou a ser trilha dos jogos de vôlei de praia nas Olimpíadas de Atenas em 2004. A dançarina de 1,85 metro, que veio antes de qualquer mulher-fruta existir no funk, era conhecida como Lacraia.

1977

2011

No reino animal, a lacraia é um inseto de hábitos noturnos. São ativas. Correm rápido atrás de sua presa. A nossa Lacraia, porém, não havia ganhado esse apelido por esses motivos, mas sim por conta de seus atributos físicos, como a magreza do inseto. A dançarina aceitou o apelido, mas ressignificou o termo para se tornar dona de seu próprio alter ego através daquele bicho. Fazia desse famoso limão a perfeita limonada. Podemos traduzir sua personalidade na gíria pajubá como "a bicha que dava o nome", ou seja, que mostrava a que veio.

Mas não foi um nome artístico escolhido logo de cara. Antes de assumi-lo nos palcos, ela testou outras possibilidades. Depois, chegou a se apresentar nos bailes como Margarete Robocop ou Volpi Jones.

Nessa época, a recepção do público era outra. Em entrevista para a revista **Veja**, em fevereiro de 2003, revelou que as pessoas não a aceitavam no palco: "Antes de eu participar da coreografia da 'Égua', o povo do funk tinha preconceito e me atingia com latinhas de cerveja. Agora eles vêm até me dar beijinhos". Foi um longo caminho de luta percorrido até chegar à música que homenageava seu nome artístico, "Vai, Lacraia".

CARIOCA DE SÃO PAULO

A DANÇARINA FICOU CONHECIDA — difícil dizer se era celebridade —, e embora tenha feito centenas de shows, não ganhou muito dinheiro. O álbum com os maiores sucessos de MC Serginho chegou a vender 150 mil cópias. Os dois tinham uma rotina de quinze shows por fim de semana. Ganhavam juntos um cachê médio de 2 mil reais, o que pode até ser muito para quem sempre precisou dar seus *corres* para conseguir se sustentar, por vezes deixando o sonho artístico de lado. Antes de ser dançarina da "Eguinha pocotó", tinha trabalhado como camelô, cabeleireira e camareira em uma sauna.

Apesar de ter feito carreira principalmente no Rio de Janeiro, nasceu em Birigui, São Paulo. Em Jacarezinho, no Rio de Janeiro, para onde se mudou, conheceu Serginho. A dupla durou um bom tempo, sendo desfeita em 2009. Tinham uma irmandade e Serginho até hoje se refere a ela com carinho. Lacraia queria ser DJ e, após romper a parceria, chegou a lançar duas músicas.

A MILITANTE COMBATENDO COM SUA ARTE

FALAR DE LACRAIA é contar sobre um momento da televisão em que uma pessoa da comunidade LGBTQIAP+ só aparecia para fins de humor. Ela era ridicularizada com frequência. Em seus shows, rolava um momento em que uma pessoa da plateia ganhava cinquenta reais para beijá-la na boca por cerca de dois minutos.

Ela não levantava bandeiras sobre lutas LGBTQIAP+ da forma que a militância poderia esperar. Nas poucas entrevistas que deu enquanto era famosa, ela realmente não entrava nos termos de sexualidade que a definiam, embora fizesse parte da pauta LGBTQIAP+ simplesmente por estar na TV aberta. Dessa forma, não há muitos registros em que ela fala sobre sua sexualidade.

Em depoimento para o livro **Funk-se quem quiser**, de 2010, ela diz se ver "como uma quase mulher", um dos poucos momentos em que é possível vê-la explicando sobre como se enxergava. Ela se referia a si própria sempre no feminino. Atualmente, quando sua história é relembrada, é comum citá-la como travesti. Uma das pessoas que puxa essa narrativa é a ativista trans Caia Coelho. Em 2020, ela contou no Twitter fatos sobre a vida da artista que pouca gente conhecia. Na rede social, o post viralizou mostrando o carinho que existia por ela.

Lacraia foi presença constante na TV por alguns anos, mas não era ouvida. Gostava de ir ao programa do Gugu porque ele a deixava ser quem era à vontade. Sua mãe chegou a revelar numa entrevista posterior ao seu falecimento que ela era uma pessoa triste. Descia do palco e só queria ficar em casa em silêncio.

Quando morreu, em 2011, vítima de tuberculose, muitos jornais a anunciaram como Marco Aurélio Silva da Rosa.

"Eu sei que ainda tem muita discriminação, mas eu considero a Lacraia como um marco na televisão brasileira: um viado, preto e pobre, que, brincando, mostra um rebolado mais bonito que de muita mulher; um viado que passou a fazer sucesso na TV, antes que qualquer homossexual aparecesse em novela. Aliás, o que não pode na novela pode no nosso palco: o beijo na boca."

LACRAIA NO LIVRO FUNK-SE QUEM QUISER: NO BATIDÃO DA CIDADE CARIOCA, DE ADRIANA CARVALHO LOPES (BOM TEXTO, 2011).

Aqui aparece mais uma peça deste quebra-cabeça que é montar sua história. É difícil saber se o nome de batismo a incomodava ou como ela preferia ser chamada quando descia do palco.

Lacraia foi embora cedo, aos 33 anos. Não teve tempo de ser aceita nem pela própria comunidade, que só agora abraça sua história. Não conseguiu descobrir direito quem era de fato.

Deixou um legado importante para a história LGBT-QIAP+ do funk. Hoje, mulheres trans como MC Xuxu e Pepita vivenciam o amor do público. Lacraia foi quem abriu as portas para que estas e outros ícones viessem. Espero que, onde quer que esteja, possa estar dançando ainda. Vai, Lacraia.

Continue por aqui

ESCUTE AS MÚSICAS "VAI, LACRAIA" E "EGUINHA POCOTÓ", DE MC SERGINHO.

Jean Wyllys

1974

O ANO DE 2005 FOI quando beijei um homem pela primeira vez. Tinha quinze anos. Na verdade, era a primeira vez que beijava na boca. Foi um ano muito simbólico para meu entendimento como um homem gay. Depois do processo de negação, culpa católica e bastante sofrimento adolescente, me abri para entender o que significava ser gay.

Foi o mesmo ano em que a novela **América** foi exibida na Rede Globo. A gente esperou até o último minuto para ver o prometido beijo que o personagem de Bruno Gagliasso daria no de Erom Cordeiro no capítulo final — a cena estava gravada e foi cortada na hora da exibição.

Por fim, 2005 foi o ano de Jean Wyllys no **Big Brother Brasil**. Ainda me lembro de um diálogo importante que Jean teve com Pedro Bial na primeira semana de programa. A cena foi reexibida no **Conversa com Bial** recentemente e pude revê-la. A casa tinha quinze participantes e Jean recebeu seis votos para ser eliminado. Foi direto para o primeiro paredão com altas chances de sair. Quando justificou por que acreditava ter sido o mais votado para deixar o programa, respondeu sem pestanejar "Eu sabia que seria o alvo preferencial na casa". Bial pergunta "Por quê?". Ao que ele responde: "Pela questão... por

eu ser gay, enfim, por isso. Por esse motivo". Vários participantes da casa ficaram indignados. A cena é idêntica a várias situações de homofobia velada que se escondem naquelas piadas que a gente escuta a vida toda. Na entrevista Jean revê a cena catorze anos depois, reafirma a mesma opinião e se emociona. Cai no choro.

Quando falamos sobre representatividade, a primeira imagem que vem à minha cabeça é Jean Wyllys falando isso. O primeiro participante que usou os termos corretos e falou abertamente sobre ser homossexual no **BBB**. Meu coração gelou na hora que ele disse isso ao vivo no programa. E, dezessete anos depois, eu lembro como se fosse hoje.

TRÊS PÃES

O BRASIL CONHECEU o Jean por conta do **BBB**. Superado o primeiro paredão, ele foi avançando no jogo. Venceu. Àquela altura, já possuía uma carreira acadêmica. Tinha uma graduação em jornalismo e um mestrado em letras e linguística pela Universidade Federal da Bahia (UFBA). Também atuava como professor.

Passou por uma infância humilde em Alagoinhas, a 120 quilômetros de Salvador, na Bahia. Diz que tinha seis anos na primeira vez que foi xingado de "viado". Entrou em uma padaria e pediu três pães. O fato de ter falado *pães* e não *pãos* fez com que sofresse uma onda de xingamentos. Era o viado que falava correto.

Jean tem a força de vontade de quem já teve de lidar com muitas lutas e saiu vitorioso. É assim que hoje procura retribuir por meio da luta e da militância. Claro, ainda enfrenta muitos desafios.

Do **Big Brother**, seguiu carreira política. Se nas eleições de 2020 tivemos aproximadamente noventa pessoas LGBTQIAP+ eleitas para diversos cargos em 72 cidades brasileiras, quando ele começou, a história era diferente. Em 2011, início de seu primeiro mandato como deputado, eram poucos os que estavam na mesma posição.

Jean foi eleito três vezes como deputado federal pelo estado do Rio de Janeiro, em 2010, 2014 e 2018. Renunciou do último mandato após sofrer ameaças de morte. Seu suplente, David Miranda, assumiu o cargo. Wyllys se exilou na Alemanha para ter uma vida possível.

Dos grandes feitos do ex-deputado, estão 51 projetos de lei propostos em seu período no Congresso. Entre os aprovados, há a Lei do Dezembro Vermelho, sobre o enfrentamento ao HIV/aids nos meses de dezembro, e o Dia Nacional do Teatro Acessível: Arte, Prazer e Direitos. Também escreveu outros projetos envolvendo os direitos de profissionais do sexo, sobre a violência e o assédio sexual contra mulheres e a campanha pelo casamento igualitário no Brasil.

Suas lutas o levaram a entrar na lista da revista inglesa **The Economist** como uma das cinquenta pessoas que lutam pela diversidade, ao lado de Barack Obama, Dalai Lama e Angelina Jolie.

Até 2022, com o mesmo governo de Jair Bolsonaro que fez com que deixasse o país ainda no poder, não tinha planos de voltar ao Brasil. O mesmo Bolsonaro que, quando ainda não era uma ameaça na presidência, quando ainda estava no cargo de deputado, insultou Jean de tal forma que acabou recebendo dele a famosa "cusparada" que em 2016 circulou por dias na TV. Já eram tempos difíceis que começavam ali.

Continue por aqui

LEIA A AUTOBIOGRAFIA O QUE SERÁ: A HISTÓRIA DE UM DEFENSOR DOS DIREITOS HUMANOS NO BRASIL (OBJETIVA, 2019).

Laerte

A EXPERIMENTADORA

★
1951

EM 2004, LAERTE FEZ uma tirinha com um de seus personagens masculinos vestindo trajes femininos. Embora ninguém soubesse, estava falando de si mesma. Queria repensar a própria identidade de gênero e, como a boa ilustradora que é, colocou seus desejos ocultos no papel. Tinha vontade de se experimentar.

Em 2005, passou pela maior tragédia de sua vida: perdeu um filho, vítima de um acidente de carro. De luto, guardou para si o assunto sobre sexualidade, roupas e desejos.

Abriu o baú da intimidade quatro anos depois. Em 2009, procurou o Brazilian Crossdresser Club e começou a vestir-se com vestidos e calcinhas na frente dos amigos que fez lá. Comprou uma calcinha durante uma madrugada em um supermercado Extra para experimentar em casa.

No nosso papel de espectadores, é importante darmos um passo atrás e diferenciar as caixinhas às quais Laerte pertenceu. Crossdresser é a pessoa que gosta de vestir roupas definidas como pertencendo ao gênero oposto. Laerte se considerava um homem cisgênero, vestia roupas femininas na presença de amigos e adotava um nome fictício para aquele momento. Ao se montar pela primeira vez e ver o próprio reflexo no espelho, viu-se como Sônia. Diferente do que ocorre com a arte das drag queens, esse ato de se montar não envolvia uma performance, não tinha um sentido artístico.

Depois, Laerte se entendeu como travesti. Hoje se identifica como uma mulher trans. Ou seja, não é apenas a roupa que lhe traz um bem-estar. Agora, Laerte é uma mulher trans que se veste como quer todos os dias, sem outros artifícios como o nome Sônia escolhido lá atrás. Inclusive, como já era uma figura pública conhecida, decidiu por bem seguir sendo chamada de Laerte, substituindo os pronomes masculinos pelos femininos.

Sua importância para o movimento LGBTQIAP+ está justamente nessa transição vivida para conseguir se expressar além de sua arte. Tentando se compreender, Laerte nos convidou a conhecer todos esses termos, trouxe a pauta para os jornais, apareceu na TV aberta falando sobre gênero e, claro, colocando tudo no papel em suas tirinhas.

QUEM É ESSA MULHER?

LAERTE É CARTUNISTA e ilustradora, e sua grande produção, que a tornaria conhecida, aconteceu principalmente na década de 1980. Criou inúmeras tirinhas em jornais e publicações como **Chiclete com Banana** e **O Pasquim**. Ao lado de Angeli e Glauco, também escreveu a tirinha **Los Três Amigos**, publicada inicialmente dentro da **Chiclete com Banana** e também na FolhaTeen. Mas ficou mais conhecida mesmo por suas tirinhas **Piratas do Tietê**, na **Folha de S.Paulo**.

Tem o humor afiado e critica severamente, por exemplo, políticos com os quais não concorda. É ativa em suas redes sociais e sua produção sempre reflete o nosso momento atual. No Twitter, diariamente cobra respostas pela morte de Marielle Franco, contando quantos dias se passaram desde o assassinato da vereadora.

Em janeiro de 2021 assustou a todos. Aos 69 anos, ficou internada por dez dias na Unidade de Terapia Intensiva (UTI) com covid-19. Quem dava notícias para a imprensa sobre os boletins médicos era seu filho Rafael Coutinho. Alguém que herdou o lado artístico de Laerte para ilustração e que, apesar de tratá-la no feminino, a chama de pai.

Evoé, amém e obrigado a todos os santos. Laerte se recuperou e logo voltou a fazer o seu melhor: lutar por um Brasil mais possível com tinta, papel e Twitter.

Continue por aqui

ASSISTA AO DOCUMENTÁRIO: LAERTE-SE, DE 2017, DISPONÍVEL NA NETFLIX.

"Não deixei de ser o que sempre fui. Sou conhecida como um cartunista, um jornalista até os sessenta anos e depois uma mulher, uma pessoa transgênero que também é jornalista e cartunista. Não me incomoda minha história masculina. O que tenho é um grande apreço por minha identidade feminina. Cada vez mais."

LAERTE COUTINHO, EM ENTREVISTA AO EL PAÍS

Leona Vingativa

A MENINA QUE CRESCEU NO YOUTUBE

EM 2006, A NOVELA **Cobras & Lagartos** estava no ar na Globo. A atriz Carolina Dieckmann era a vilã da trama, a perigosa Leona, que usava um cabelo liso e platinado. Foi um daqueles cortes de cabelo que as pessoas levavam ao salão de beleza numa página de revista e falavam: faz igual.

★ 1997

Na mesma época, uma criança do bairro do Jurunas, em Belém do Pará, ganhava o apelido da vilã de Dieckmann. A criança era negra, não loira como a personagem. Na verdade, mal tinha cabelos, seu corte era bem curto. Gostava de novelas e boa parte de suas referências vinham dos folhetins.

Como uma brincadeira de amigos, seu vizinho Paulo Josué começou a chamá-la de Leona. O apelido ficou. Virou nome.

Em 2008, Leona queria brincar de novela, criando uma cena dramática que envolvia romance, drama, tentativa de assassinato, digna de fazer as personagens das novelas mexicanas encenadas por Thalia aplaudirem de pé.

Chamou Paulo, seu amigo, que justamente naquele dia estava com preguiça, mas disse que topava, desde que não tivesse que se movimentar muito. Leona não viu problemas naquilo. Sugeriu que Paulo vivesse uma personagem que estivesse acamada e não conseguia se movimentar. Assim não teriam mais desculpas e a brincadeira aconteceria. É o que conta no documentário **Leona Vingativa**, de Clara Soria e Hugo Resende.

Em 2008, as câmeras digitais estavam se popularizando. Poucos celulares gravavam vídeos de qualidade. Era o início de algo que se tornaria muito comum: gravar e publicar na internet em questão de minutos. Naquele dia, gravaram a brincadeira. Afinal, era uma novela, certo? Precisava de câmera e claquete com um diretor dizendo: AÇÃO.

Repetiram a brincadeira outras vezes e deixaram os arquivos guardados. Em 2009, publicaram tudo em um canal do YouTube e a história de Leona Assassina Vingativa e sua arqui-inimiga Aleijada Hipócrita ganhou o Brasil. Viralizaram instantaneamente.

A história rendeu três vídeos e tinha tudo que um bom roteiro precisava para ganhar o público: trilha sonora dramática, atuação com entrega emocional e bordões. Por exemplo, quando a personagem Leona Vingativa dizia: "Chame um táxi pra gente ir para Paris agora!". Ou um pouco antes da cena final, quando falava para a câmera: "Pode cortar!". Ela foi chamada de "webdiva" e "webcelebridade".

CRIANÇA DE TUDO

UM DOS FATOS QUE chamava a atenção era a idade de Leona na época das primeiras aparições. Ela era muito nova. É difícil saber a idade exata, pois, quando começou a ficar mais conhecida e ser chamada para aparecer em eventos e baladas, precisava omitir a informação para conseguir se apresentar. De todo modo, era uma criança que nasceu designada como do sexo masculino, mas já se via como mulher e aparecia se tratando no feminino desde cedo. Encontrou em sua personagem o nome que carrega até hoje. Por volta dos catorze anos, chegou a se envolver com a prostituição, quando começou a se entender como mulher trans.

No minidocumentário **Leona Vingativa**, de 2019, ela conta que, por ter pouca idade, entrava escondida nas baladas. Com uma agenda de shows para cumprir, fazia uma rápida apresentação e deixava que a Aleijada Hipócrita, que já era maior de idade, comandasse o restante.

As apresentações diminuíram, perdendo para outros hits que viralizaram desde então, mas vez ou outra surgia alguma notícia sobre Leona. Uma das mais famosas foi quando, em 2016, ela se envolveu em um furto em uma loja de roupas. Levada para a delegacia, diante da câmera de uma emissora de TV local, Leona foi debochada. Pegou o microfone, cantou e criou novos bordões quando tentava se justificar: "Tava lá [*a roupa da loja*] eu peguei emprestada". No vídeo, ela também prometia "parar com esses babados" de furtos. Que iria focar em sua carreira e em seus shows.

Foi o que fez.

MÚSICAS POLÍTICAS

DEIXOU AS NOTÍCIAS POLICIAIS para ressurgir na internet de modo diferente: mais madura, agora cantava e fazia clipes, inserida no universo da lógica de likes e produção de conteúdo intensas. Algo bem diferente de quando viralizou com seus vídeos despretensiosos feitos na infância.

Focada na carreira musical, trabalhou com Gaby Amarantos, que a conhecia desde criança, e participou de um projeto musical com canções paraenses ao lado de Fafá de Belém. Também lançou paródias de sucessos de Anitta, Pocah e Daft Punk. Com letras novas no lugar das versões originais, Leona usava sua voz para politizar.

Se na música "Get Lucky" o Daft Punk tentava se dar bem em uma noite de festa, na versão de Leona, a batida da música ganhou corpo em outra letra e se tornou "Frescáh no Círio", que seria algo como se divertir na passagem da santa, na tradição paraense do Círio de Nazaré.

Leona, em suas músicas, educa as pessoas por meio da diversão. Fala sobre descartar lixo no local correto, critica políticos como o deputado federal homofóbico Marcos Feliciano, fala sobre a perda de direitos dos aposentados com a reforma trabalhista e da importância do uso da camisinha para profissionais do sexo — na música em questão, canta que "não pode esquecer o *guanto*, mulher", se referindo ao preservativo.

Em 2020, aposentou o sobrenome Vingativa e, apenas como Leona, tentou um cargo em um mandato coletivo para ser vereadora em Belém.

Não foi dessa vez que chegou a ser eleita. E poderia ter sido alguém que realmente fazia sentido estar ali, como alguém que conhece os problemas de seus conterrâneos e que sabe do que precisam, sua voz pode ser uma importante aliada para a luta LGBTQIAP+ paraense.

Continue por aqui

ASSISTA AO DOCUMENTÁRIO LEONA VINGATIVA, DE 2019, DISPONÍVEL NO YOUTUBE.

"Meu nome é Nati Natini Natili Lohana Savic de Albuquerque Pampic de La Tustuane de Bolda, mais conhecida como Danusa Deise Medly Leona Meiry Cibele de Bolda de Gasparri. A mulher jamais falada. A menina jamais igualada. Conhecidíssima como a noite de Paris. Poderosíssima como a espada de um samurai. Eu sou apertada como uma bacia. Eu sou enxuta como uma melancia. Tenho dois filhozinhos, um zolhudinho e outro barrigudinho. Casei com o dono da Parmalat. Virei mamífera. Só mamo. Pertenço à família imperial brasileira Orleans Bragança. Penetração difícil."

BORDÃO DE LEONA (YOUTUBE)

Luana Muniz

A RAINHA DA LAPA

É MADRUGADA NA LAPA. Um cliente bêbado aborda uma travesti que trabalha como garota de programa. Eles atravessam a rua até uma área mais reservada. Ele não consegue falar uma frase que se conecte com a próxima. Já de saco cheio, sem entender se ele estava de fato querendo alguma coisa, a travesti bate a cabeça do rapaz em uma porta metálica, daquelas que se enrolam nos estabelecimentos de bairro, e grita "Tá pensando que travesti é bagunça?".

O ano era 2010. A cena foi filmada para o programa da Rede Globo, **Profissão Repórter**. A travesti no vídeo era Luana Muniz.

Luana era uma gigante. Quem viu o meme sem contexto não podia imaginar que por trás daquela reação agressiva estava alguém que lutava havia mais de quarenta anos por si e por tantas outras travestis pelo direito de existir.

Como contava, foi artista por 37 anos e garota de programa por 47 anos. Como artista, chegou a atuar em peças de teatro; na prostituição, entrou ainda criança, chocantemente aos nove anos de idade. Nessa época, o Brasil vivia a ditadura militar. Luana trabalhava na região da praça Tiradentes, no centro do Rio de Janeiro. Local que, anos antes, havia sido palco de Madame Satã.

1961

2017

Teve uma história de vida semelhante à de tantas outras travestis — incluindo a parte de ter ficado famosa a partir de um meme. Sua vivência reverbera o que aconteceu com Luisa Marilac, do bordão "bons drinks" e Bambola Star, a que falou em um vídeo também viral "Bom dia, Brasil, Boa tarde, Itália" — conheça essas histórias no capítulo "É chegada sua chance de agradecer às divas da internet pelos bordões concedidos", na página 289. Todas chegaram a se prostituir e por meio desse trabalho buscaram em outro país uma qualidade de vida mais digna do que a que tinham aqui.

Luana vivia entre países da Europa e o Brasil. Aprendeu seis idiomas e possuía nacionalidade italiana, o que facilitava sua entrada no país. Passava cerca de três meses por ano a trabalho na Itália. Quando retornava ao Brasil, vinha com a mala cheia de perfumes de grife e batons. Era vaidosa. Morava na região da Lapa, local em que era conhecida e onde fez seu nome.

A FAMA NA LAPA

HAVIA UMA RIVALIDADE entre as garotas de programa de Ipanema, de Copacabana e do Centro. Luana escolhia onde queria estar: "eu sempre fui muito mandona, muito atrevida [...] eu pisava em todos os lugares e ninguém me dizia nada do que eu tinha que fazer. Se eu enfrentava a polícia, por que não ia enfrentar outras pessoas?". O depoimento foi dado ao documentário **Luana Muniz — Travesti não é bagunça — 7 anos depois**.

Na ocasião da filmagem, Luana também contou sobre as agressões, como a que vimos no vídeo do **Profissão Repórter**:

Eu tenho no meu corpo facada, bala. Agora, eu fiz mais violência do que sofri, tenho que admitir [...] Eu não sou a santa Travesti. Tenho o direito de errar. De me perder e me encontrar na minha história.

Luana não foge de nenhuma pergunta. Tem um raciocínio rápido. Apesar da imagem controversa por conta de suas brigas e da naturalidade com que fala sobre o assunto, quem conviveu mais perto dela entende que o carinho e a forma de cuidar dos outros era o que prevalecia em sua personalidade. Ela era extremamente maternal, entendia a dor de suas iguais. Por conta disso, chegou a ganhar o apelido de Mãe Luana. Este se juntava aos outros que a definiam, como Rainha da Lapa e Filha da Lua.

Ela ajudava muito as pessoas ao seu redor. Foi uma das fundadoras do projeto Damas, que apoia travestis e transexuais a ingressarem no mercado formal de trabalho. Também ajudou a ONG Água Viva, que recebe pessoas vivendo com HIV/aids. Cuidava de outras travestis, levava camisinhas para distribuir na rua, acolhia diversas pessoas em situação de vulnerabilidade, trazia quem precisava para dentro de casa — um casarão pintado de rosa localizado na avenida Mem de Sá, 100, na Lapa. Hoje, o local possui um grafite com a figura de Luana.

A BENÇÃO ÀS GAROTAS DE PROGRAMA

EM 2015, LUANA voltou à mídia no aniversário da cantora Alcione, na quadra da escola de samba Mangueira, no Rio de Janeiro. Ela era amiga da cantora e pediu para tirar foto com um dos convidados: "O senhor costuma tirar foto com pecadoras?". A pessoa em questão era um padre. A fotografia da travesti com o padre Fábio de Melo repercutiu por dias.

O religioso contou no documentário feito sobre a vida de Luana que naquele momento nasceu uma amizade. Eram conectados por serem pessoas que se preocupavam com o próximo. Trocavam até mensagens via WhatsApp.

"Quando Deus coloca essas pessoas diante de nós, é para desmoronar os castelos de ilusão que nós criamos dentro", disse o padre em depoimento feito em suas redes sociais. Esse encontro aconteceu dois anos antes de Luana falecer.

Em 2017, ela foi vítima de uma parada cardiorrespiratória e não resistiu. No mesmo ano, foi lançado o documentário sobre sua vida. Infelizmente ela já não estava mais aqui para se ver retratada no audiovisual de uma forma bem diferente daquela que gerou o bordão "Travesti não é bagunça"!

Continue por aqui

ASSISTA AO DOCUMENTÁRIO LUANA MUNIZ: FILHA DA LUA, DE 2017, DIRIGIDO POR RIAN CÓRDOVA E LEONARDO MENEZES.

Gisberta Salce Júnior

A IMIGRANTE QUE FICOU LÁ

ESTA HISTÓRIA É UMA das mais indigestas deste livro. É sobre uma imigrante brasileira que chegou na França e mudou-se para o Porto, em Portugal. A história de alguém que, não tendo possibilidades em seu país de origem, foi em busca de asilo e amor em outras terras. Alguém que, de forma cruel, perdeu a vida.

Existe um sonho europeu comum a várias mulheres trans e travestis brasileiras. Esse sonho é retratado em histórias, filmes e livros. Os motivos são diversos, mas se cruzam pelo desejo que muitas delas têm de conseguir uma vida mais tranquila em outro lugar.

Gisberta Salce Júnior era uma delas. Gisberta tinha medo no Brasil. Nascida em São Paulo, temia pela violência que sempre existiu contra mulheres trans e travestis na cidade. Precisava se reconstruir. Queria ser e se expressar como Gisberta. Para fazer isso, ela precisava trocar o Brasil pela fantasia de Europa que havia acalentado.

De início, deu tudo certo. Entrou no continente europeu pela França, de forma legal, com documentos conforme a lei exigia. Conseguiu trabalho em bares voltados ao público LGBTQIAP+ no Porto. Apresentou-se em shows de drag queens. Mesmo assim, o dinheiro não era sufi-

★ 1961

† 2006

ciente. Alguns meses depois, foi entendendo que precisaria arrumar outros jeitos de se sustentar, e acabou recorrendo à prostituição.

Além de não ser uma profissão fácil, Gisberta vivia com HIV e chegou a desenvolver aids. Também lidava com o vício em drogas, especialmente cocaína. Tudo isso fez com que ela não conseguisse se sustentar na prostituição. Também possuía documentos que mostravam um nome masculino para aquele corpo feminino. Sem conseguir empregos formais, acabou não tendo como pagar a casa em que vivia nem como renovar o visto que a mantinha legalizada no país.

"A DISTÂNCIA ATÉ AO FUNDO É TÃO PEQUENA"

NA RUA, COMEÇOU A VIVER em um prédio abandonado. Três adolescentes encontraram Gisberta e, compadecidos com a situação, começaram a levar comida para ela. Apesar de jovens, faziam um trabalho em uma oficina mantida pela Igreja católica, a Oficina de São José.

Nasceu ali uma amizade. Conversavam com Gisberta, entendiam sua situação. Também contaram outros amigos, e aos poucos formou-se uma rede de catorze adolescentes ao redor dela. Mas nem todos tinham as mesmas intenções que os três primeiros. Alguns pensavam que aquela figura que flutuava entre o masculino e o feminino não deveria ter o cuidado que estava tendo.

O que começou como um apoio a alguém que necessitava de ajuda terminou de forma surreal. Em minha cabeça sempre surge aquela imagem do filme **Laranja mecânica**, em que os quatro protagonistas encontram um mendigo

na rua e começam a espancá-lo. Gisberta foi estuprada, violentada, torturada por dias consecutivos. Sofreu ataques nas mãos daqueles adolescentes, motivados por ódio transfóbico.

Os jovens possuíam entre doze e dezesseis anos e se revezaram durante três dias para maltratar Gisberta. Nos dois dias que se seguiram, voltaram para conferir o estado dela e julgaram que já estava morta. Para não deixarem vestígios, atiraram seu corpo em um poço com água.

O crime ocorreu entre o fim de 2005 e início de 2006. Na autópsia feita dias depois — o corpo foi encontrado no mesmo dia —, constatou-se que Gisberta morrera afogada. Ou seja, ainda estava viva quando foi jogada no poço.

Um dos adolescentes contou para a professora o que tinha feito. Eles foram julgados dentro das leis que protegem menores de idade. O juiz da ocasião chegou a dizer que se tratava de uma "brincadeira de mau gosto de crianças que fugiu do controle".

A tratativa da Justiça causou incômodo em grupos de defesa da comunidade LGBTQIAP+ portugueses. Afirmaram que, após a morte de Gisberta, a aprovação de uma série de leis para igualdade de gêneros foi facilitada no país, além de ter sido aprovada a concessão de asilo a transexuais em risco de perseguição.

A história de Gisberta virou peças, documentários e poemas. Também deu origem ao livro **Pão de Açúcar**, do português Afonso Reis Cabral, e a uma música composta por Pedro Abrunhosa e cantada na voz da brasileiríssima Maria Bethânia.

◁))

Continue por aqui

OUÇA A MÚSICA: "BALADA DE GISBERTA", INTERPRETADA POR MARIA BETHÂNIA E COM LETRA DE PEDRO ABRUNHOSA.

Banda Uó

A BANDA QUE REINVENTOU O POP BRASILEIRO

(Davi Sabbag, Mateus Carrilho e Mel Gonçalves)

ERA 2011. EM BRASÍLIA só havia basicamente uma opção de balada LGBTQIAP+ para ir aos fins de semana, e todo mundo se conhecia por lá. Em um desses sábados, a banda goiana formada por Davi, Mateus e Mel fazia um dos primeiros shows na cidade. Ainda eram meio tímidos no palco, com um repertório de músicas pequeno. Naquela época eu morava em Brasília, e estava lá.

Não saberia falar da Banda Uó sem ser em primeira pessoa. Não que eu fosse amigo pessoal deles, mas tinha aquele lance do amigo do amigo que era muito amigo dos três. Ou seja, eram palpáveis demais. Faziam um som que mesclava toda brasilidade nas letras com ritmo indie e tecnobrega. Era um momento em que a música pop estava mudando e eles puxavam aquele movimento.

Surgiram justamente em um hiato do pop, na transição entre a fase adolescente/romântica de Wanessa Camargo, Kelly Key e Sandy & Junior para as divertidas e

★ 1989
★ 1988
★ 1991

provocantes letras das drag queens que viriam a seguir: Pabllo Vittar, Gloria Groove e Lia Clark. Eles preencheram essa lacuna musical e inspiraram esse pop que viria uns cinco anos depois. Foram referência para a geração da qual eles mesmos faziam parte.

A Banda Uó surgiu na noite goiana, entre 2009 e 2010. Mateus era o produtor da festa Uó. Namorava Davi e era amigo de infância da Mel. Mateus também era produtor e começou a fazer festas para ter uma renda extra. Mateus e Davi tinham outra banda na época e faziam experimentos de vídeos, fotos e YouTube. Foi assim, após algum tempo, que nasceu a Banda Uó.

Para os vídeos de divulgação do evento, criaram a música "Não quero saber", uma paródia em tecnobrega de "Teenage Dream", da Katy Perry, fizeram um clipe de pouco menos de dois minutos e colocaram no ar. Se você procurar no YouTube, verá que Mel não aparece nessa primeira versão. É outra amiga deles, Flora Maria, que está nesse vídeo.

A brincadeira deu certo. As pessoas queriam mais. E eles deram. O grupo passou a existir oficialmente com a formação original em 2011, junto com os singles lançados no mesmo ano.

SERTANEJO?

AS PRIMEIRAS MÚSICAS da banda fugiam do que era esperado da cena musical de Goiás. Não cantavam sertanejo e se inspiravam no pop norte-americano. "Shake de amor" é uma versão nacional de uma música da cantora Willow Smith. Na letra da Banda Uó, era a história de Luciana Gimenez e Mick Jagger. Também utilizaram músicas dos

The Strokes e Two Door Cinema Club. Empacotaram tudo e colocaram no EP **Me emoldurei de presente pra te ter**.

Na época, as batidas originais eram transformadas em pop, mas também em brega. Mais especificamente o tecnobrega da banda Calypso e de Gaby Amarantos. Tinham referências também do Bonde do Rolê, outro sucesso da época. Misturavam de tudo.

Até que se apresentaram no **Esquenta**, programa da TV aberta apresentado por Regina Casé. A música da banda tinha tudo a ver com o programa. Eles cantaram e conversaram, até que Regina perguntou, do nada, para Mel: "Queria saber se você já sofreu e sofre muito preconceito por ser transexual". A cantora Joelma, que também era convidada naquele dia, emendou: "Vocês também acharam que ela era mulher?". Isso causou desconforto.

Mel é uma mulher trans. Davi e Mateus, homens cis. O papo sobre sexualidade não havia sido combinado. No vídeo do programa, é visível o constrangimento dos três diante daquela situação. Aquele era o Brasil de 2012. Parece pouco tempo atrás, mas naquela época nem mesmo a retificação de documentos era um direito de Mel — fato que só viria a mudar em 2018 e com muita luta do movimento T.

Vieram outros programas depois daquele. Lançaram mais dois álbuns, **Motel** e **Veneno**. Gravaram ao lado de Luiz Caldas, Diplo, Preta Gil, Karol Conká e Mr. Catra. Foram parar na trilha sonora da novela **I Love Paraisópolis**. Dentre os feitos individuais da banda, Mel foi a primeira mulher trans a estampar uma campanha da Avon.

Em 2017, anunciaram uma turnê de despedida, antes de cada um seguir a própria carreira solo. Também lançaram a melancólica "Tô na rua", que marcava os últimos momentos da banda juntos. Em 2018, fizeram o último show em Brasília: já eram uma outra banda, muito mais madura do que aquela que eu tinha visto em 2011. Talvez eles já tivessem aquela sensação de dever cumprido como trio. Espero que soubessem o quanto pavimentaram um espaço da música pop brasileira. Daqui, eu torço para alguma turnê comemorativa em alguma data importante. Viva a eterna Banda Uó.

Continue por aqui

OUÇA OS ÁLBUNS MOTEL, DE 2012, E VENENO, DE 2015.

A mistura de avanço e retrocesso

ÀS VEZES PARECE QUE 2002 foi ontem, mas quando olhamos para os avanços das políticas LGBTQIAP+ nos damos conta de como esses vinte anos foram necessários — sobretudo a última década. Em termos de aspectos culturais, de política, de saúde pública, de possibilidades para sair do armário publicamente. Às vezes parece que ficou mais fácil. Mas outras vezes a sensação é de que isso é só impressão, e que a cada dois passos de avanço, um é dado para trás.

AGORA PODE!

EMBORA UM PROJETO de lei para permitir oficialmente a união estável entre pessoas do mesmo gênero existisse no Brasil desde 1995, de autoria da então deputada federal Marta Suplicy, naquele momento a proposta não vingou no Legislativo do país. Isso só virou uma realidade em 2011, por decisão do Supremo Tribunal Federal (STF). Já o casamento igualitário foi aprovado em 2013, também pelos magistrados, mas nunca se tornou lei. Quando Jair Bolsonaro ganhou as eleições para presidência em 2018, o medo de esse direito fundamental ser revogado passou a ser constante. O momento representou uma nuvem conservadora que se alastrou pelo país.

Em contrapartida, 2020 foi o ano com mais pessoas LGBTQIAP+ eleitas para cargos públicos no país — você pode conferir mais sobre essas mudanças no capítulo "De que direitos estamos falando?".

NÚMEROS QUE SEGUEM CRESCENDO

A ÚLTIMA DÉCADA TAMBÉM TROUXE uma sensação de maior liberdade. Nunca se falou tanto sobre aspectos da sexualidade em fóruns abertos, na TV, nas redes sociais e nos serviços de streaming. Percorremos um longo caminho, que trouxe uma segurança maior e uma autoestima para a famosa expressão "ser quem se é".

Ao mesmo tempo, em 2020, período em que nem saíamos de casa por causa da pandemia de covid-19, os números de LGBTfobia continuaram assustadores. Foram pelo menos 237 pessoas da comunidade LGBTQIAP+ assassinadas por causa de homofobia. Sem contar as subnotificações. Os números são do Grupo Gay da Bahia (GGB), e constam do relatório anual, que é publicado desde 1982 com dados sobre a população LGBTQIAP+.

MULTIPLURALIDADE NA MÚSICA

NA CULTURA, HOUVE UM ESTOURO de artistas que militam com a voz e a presença no palco. Um boom de corpos que não ocupavam esse espaço e de letras que agora falam sobre o amor e o universo queer. Para citar alguns: Jaloo, Johnny Hooker, Majur, Pabllo Vittar, Liniker, Rico Dalasam, Aíla, Linn da Quebrada, Jup do Bairro, Romero Ferro, Daniel Peixoto, Getúlio Abelha, Urias, Ellen Oléria, Ludmilla, Caio Prado, Danny Bond, Pepita, Raquel Virgínia, Assucena Assucena, Rebecca, Kika Boom, A Travestis e inúmeros outros que eu poderia passar o resto do capítulo citando.

A grande maioria surgiu por meio da internet, sem apoio de uma gravadora. O próximo passo é tirar esses artistas do nicho, e para isso a grande mídia precisa entender que não é preciso colar o termo LGBTQIAP+ junto da palavra "artista" quando falar sobre eles. O que vem acontecendo a passos lentos.

ENCONTRE SEU AMOR (OU SÓ AQUELA PEGAÇÃO MESMO)

SE A PAUTA É RELACIONAMENTO, na década também ocorreram avanços por conta de aplicativos de celular. Grindr — o primeiro de todos, lançado em 2009 —, Tinder, Happn, Hornet, Scruff, Bumble... Uma infinidade de palavras que não significam muito para quem não os conhece, mas que abriram um leque de possibilidades para quem queria beijar, fazer sexo e algo mais. Alguns deles são específicos para o público LGBTQIAP+, outros são abertos a todos. Para quem começou "a carreira" lá atrás no bate-papo do UOL, a possibilidade de conversar vendo fotos, trocando nudes e encontrando pessoas que estão a metros de você parece feitiçaria, mas é tecnologia mesmo.

NÃO ERAM SÓ QUINZE DIAS EM CASA

NO ÚLTIMO ANO DA DÉCADA, veio a surpresa que ninguém esperava. Palavras como lockdown, quarentena e pandemia tornaram-se corriqueiras. Com a disseminação da covid-19, começamos a dividir o mundo entre antes e depois. Era o "novo normal".

A Organização das Nações Unidas (ONU) divulgou que a emergência sanitária deveria ser olhada com ainda mais cuidado quando se tratasse da população LGBTQIAP+. O primeiro motivo era a onda forte de desemprego que viria: como indicava uma matéria da Agência Brasil, citando a Pesquisa Nacional por Amostra de Domicílios (PNAD), do Instituto Brasileiro de Geografia e Estatística (IBGE), a taxa de desemprego prevista para aquele ano com o avanço da pandemia era de 14,4% para a população brasileira em geral. Quando esse dado era cruzado com a pesquisa realizada pela Aliança Nacional LGBTI, as taxas aumentam para 40% na comunidade LGB, e 70% na população trans.

O segundo motivo era o aumento da violência doméstica em tempos de reclusão. Inúmeras pessoas LGBTQIAP+

são expulsas de casa ou sofrem maus-tratos por seus tutores ou familiares.

Por causa da doença em si, também tivemos perdas significativas. O ator Paulo Gustavo se foi em um momento em que a vacina para a doença já existia, mas não chegava à população de forma rápida por causa de decisões políticas equivocadas. Além dele, diversos nomes infelizmente se foram entre 2020 e 2021: a ativista Amanda Marfree, primeira formada pelo projeto Transcidadania; a drag queen pioneira Miss Biá; o fundador da ONG Eles por Eles, Elton Padilha; a cofundadora da Associação de Travestis e Mulheres Transexuais do Ceará (Atrac), Thina Rodrigues; o promoter e drag queen da noite paulista, Cristiano Brandão, a Cris Tower; o fundador do Sereyos Sport Clube, time gay de futebol, Eddie Prim; o coreógrafo e bailarino, Ismael Ivo; o ilustrador Willian Santiago; e tantos outros.

O QUE VEM AÍ? SERÁ QUE VEM AÍ?

2020 NOS MOSTROU que é impossível prever o futuro ou se programar para ele. Podemos torcer. Podemos pedir. Devemos votar. A gente torce por avanços, por políticas mais efetivas que olhem com atenção para nós. Queremos direitos iguais, não mais que isso. Votamos por uma presidência séria. Lutamos todos os dias. Muitas vezes, apenas para sobreviver.

Na dor e na delícia, o que podemos concordar é que ser LGBTQIAP+ no Brasil não é tarefa fácil.

Iran Giusti

O CRIADOR QUE FEZ UMA CASA

IRAN É DAQUELAS PESSOAS cheias de ideias. Como comunicador, formado em relações públicas pela Fundação Armando Álvares Penteado (FAAP), de São Paulo, e tendo atuado como jornalista em veículos como o BuzzFeed Brasil, tem um ótimo timing para lançar ideias. Ele é sem dúvida um criador.

★
1989

Em 2013, quando o site Tumblr fazia um enorme sucesso, ele criou a página Criança Viada na plataforma e, em poucas horas, viralizou. Os leitores enviavam para ele fotos de infância em poses mais efeminadas ou muito masculinizadas. A ideia era aproveitar o Dia das Crianças, quando é comum postar fotos da época nas redes sociais, e mostrar que nascemos mais tranquilos com nossos trejeitos e posturas, mas vamos nos encolhendo à medida que envelhecemos para nos adaptar a um padrão heteronormativo.

Também naquele ano, criou um projeto de fotografia de nu, o Nenhuma Nudez Será Castigada. Naquela época, outros projetos fotográficos de nu começavam a existir, mas sempre com corpos padrões, torneados. O idealizado por Iran mostrava diferentes corpos e sexualidades.

Iran é assim. Tem muitos projetos na cabeça e está sempre trazendo pessoas para sonhar com ele. Vai se esforçan-

do e colocando coisas de pé, do mundo das ideias para o digital e depois para o mais real possível, de carne e osso. Foi o que aconteceu com o maior deles, criado em 2016: a **Casa 1**.

A CASA QUE A BICHA CONSTRUIU

FOI PARTINDO DE UMA pesquisa do Instituto de Psicologia da Universidade Federal de Uberlândia (UFU) que Iran, como militante e ativista LGBTQIAP+, percebeu que podia fazer mais pelos seus. Após ler um relatório, ficou com uma porcentagem fixa em sua cabeça. Havia descoberto que 37% de brasileiros diziam não aceitar um filho LGBTQIAP+. Partindo do privilégio de morar sozinho em São Paulo, quis testar como funcionariam esses números dentro da própria bolha. Em 2015, fez um post em seu Facebook perguntando se tinha alguém passando pelo problema de ter sido expulso de casa por conta de sua sexualidade. Recebeu várias mensagens, de pessoas de vários cantos do país.

Trocando contato com quem respondeu, chegou a abrigar duas pessoas em sua casa. Era uma estratégia no estilo band-aid, não curava, mas trazia certo alívio. Naquele momento, sentiu necessidade de fazer mais. Sua estratégia precisaria mudar.

Decidiu sair do apartamento em que morava e alugou um sobrado na região da Bela Vista, em São Paulo. Convocou novamente suas redes e, por meio de financiamento coletivo, colocou a Casa 1 de pé.

O local é definido como um centro de acolhida para pessoas LGBTQIAP+ expulsas de casa, assim como um polo cultural que atende a população do centro da cidade com atividades que vão desde aulas preparatórias para o vestibular a aulas de maquiagem e costura, além de uma clínica social, espaço que recebe a população local para consultas com terapeutas e psicólogos. O projeto cresceu e se espalhou, ganhou três novos locais, todos na mesma região.

Para manter o funcionamento dos espaços, eles contam com doações de mantimentos, patrocínios de algumas marcas que vez ou outra fazem alguma parceria e, sobretudo, com o mesmo tipo de financiamento coletivo que ajudou a casa a se pôr de pé. Iran entende que faz um trabalho que em tese deveria ser do governo, mas também sabe que, se não fazemos algo com nossas próprias mãos, a responsabilidade é jogada de um para o outro.

Hoje, a estrutura do local comporta até vinte jovens morando lá por vez. Com ajuda do espaço, eles vão se restabelecendo, ganhando suporte jurídico e psicológico e entendendo quais serão os próximos passos ao sair da casa. Iran também mora lá.

Como relato pessoal, fui voluntário da Casa 1 por cerca de um ano, dando oficinas de bordado. Comecei logo depois das eleições de 2018, quando os direitos de nós da comunidade LGBTQIAP+ no Brasil estavam ainda mais ameaçados e eu sentia que precisava fazer alguma coisa também pelos meus.

Foi lá que notei pela primeira vez o quanto conhecia pouco sobre minha história como viado. Ficava no centro cultural, recebia crianças e adultos que entravam lá às terças-feiras à noite para entender como linha, agulha e tecido funcionavam juntos.

Enquanto explicava os pontos de bordado, fui entendendo quanto aquela convivência era importante para quem estava lá. Talvez, também por isso, você tenha esse livro em mãos.

Continue por aqui APOIE A CASA 1 NO SITE <BENFEITORIA.COM/CASA1>.

Linn da Quebrada

A CAMALEOA

★
1990

"EU ENTRO NA MÚSICA *enviadescendo*, me nomeio Bixa Preta, me transtorno mulher e me reivindico Bixa Travesty para finalmente, agora, aos meus trinta anos, me perguntar *'quem soul eu?'* e mais uma vez abrir mão das minhas certezas e entender o que eu sei, o que eu posso e o que eu quero fazer, o que é urgente para mim." Essas aspas foram retiradas da participação de Linn no programa **Conversa com Bial**. Ela se referia ao nome de suas músicas para contar os processos internos pelos quais já passou.

Linn é um emaranhado de criadora e criatura. Linn são muitas dentro dela mesma. Muitas que ela mesma não sabe que ainda virão a existir. Mas que está sempre disposta a conhecer.

Ela também é Lina Pereira. Ouvi-la falar é delicioso. Ela sabe jogar com as palavras, converter os sentidos, criar neologismos e levar quem a ouve para outro lugar, muitas vezes inesperado. Ela fala de si própria e parece estar fazendo um convite para que o outro se experimente. Por meio dela, ouvimos que não podemos parar e que o caminho é para a frente, mesmo que seja confuso.

Para assumir tantos papéis e trazer falas tão assertivas sobre suas diferentes versões, Linn precisou quebrar com muito do que lhe era imposto. O caminho não foi fácil. E como ela mesma diz na letra de outra canção, foi preciso aprender a matar e a morrer apenas para ser.

Também teve que silenciar dogmas que a acompanhavam. Subverter a noção de pecado vinda da criação que teve na religião testemunha de Jeová.

OUTROS TIMBRES

EM SUA CARREIRA ARTÍSTICA, lançou seu primeiro álbum, o **Pajubá**, por meio de um financiamento coletivo: as pessoas apoiaram o projeto com doações em troca de recompensas que aconteceriam caso o valor mínimo fosse alcançado. Deu certo.

Desde então, Linn vem se desafiando. Apostou alto e vem recebendo coisas boas de volta. Tem saído de um nicho de artistas LGBTQIAP+ para alcançar outros espaços também como atriz e apresentadora.

Linn chegou à casa das pessoas através da Rede Globo, na série **Segunda Chamada**; no Canal Brasil, ao lado de Jup do Bairro, no programa **TransMissão**; e no PrimeVideo, com Liniker, na série **Manhãs de Setembro**. É uma travesti na TV aberta, na fechada e no serviço de streaming.

Sua história também é contada no documentário biográfico **Bixa Travesty**. O filme foi exibido em vários festivais pelo mundo e recebeu alguns prêmios. Em uma das cenas do longa, Linn corrige sua mãe carinhosamente quando ela a chama pelo pronome "ele": "Eu vou tatuar a palavra 'ela' na minha testa pra você não esquecer". Prometeu e lá está, logo abaixo da coroa de espinhos que também desenhou na pele.

A ILUSTRAÇÃO DE
LINN DA QUEBRADA
FOI BASEADA NA FOTO
FEITA POR WALLACE
DOMINGUES.

NEOLOGISTA DE UM CORPO

LINN FEZ DE SEU CORPO um experimento. Ela o coloca para jogo, entendendo seu eu em matéria física como uma extensão de sua arte. No começo de 2021, Linn colocou silicone em seus seios. Em seu Instagram, fez um belo desabafo: "Me sinto livre pra não ser nem homem nem mulher. Eu posso ser eu. Quem quiser ainda assim me chamar no masculino, que o faça, o peito não garante nada, mas eu sei quem eu *soul*. Eu sou ela".

No mesmo post, também falou sobre como lida com suas evoluções: "Nunca entendi ou senti que havia nascido no corpo errado. Amo cada transformação, cada mudança, cada movimento e, justamente por isso, eu sabia que continuaria me amando ainda mais. Eu sentia que precisava me deslocar. Transmutar. Criar um novo órgão em mim para desorganizar um pouco mais o mundo lá fora".

Linn é realmente uma camaleoa, que se adapta à medida que precisa. Muda para si mesma, jamais pelos outros. Vai se transformando a cada vez que descobre mais de si. Em 2022, uma nova Linn surgiu. Dessa vez, como participante do **Big Brother Brasil**. Era a segunda travesti a aparecer no reality show. A participação foi marcada pela conversa que gerou sobre os pronomes para se referir a ela. Na casa, vários participantes chegaram a tratá-la no masculino diversas vezes.

Ainda sairão muitas Linas de onde vieram as primeiras. Para nós, é aguardar ansiosos os próximos passos do que nem ela sabe que está por vir.

🔊

Continue por aqui

OUÇA O ÁLBUM PAJUBÁ, DE 2017, E ASSISTA AO DOCUMENTÁRIO BIXA TRAVESTY, DE 2019, DIRIGIDO POR CLAUDIA PRISCILLA E KIKO GOIFMAN E DISPONÍVEL NO GLOBOPLAY E NO MUBI.

"Eu inventei a Linn da Quebrada para poder inventar forças, inventar coragem e para salvar minha vida. A Linn da Quebrada salvou a minha vida. Me fez acreditar na minha própria existência. Ela fez não só a mim, mas muitas outras pessoas acreditarem nisso também. Ela é muito maior do que eu."

CONVERSA COM BIAL (2020)

Marielle Franco

A VEREADORA QUE MANDARAM MATAR

ERA 14 DE MARÇO DE 2018. Marielle Franco participava de um evento na Lapa, no Rio de Janeiro, num local chamado Casa das Pretas. Era um típico dia de calor carioca. A facilitadora do evento abriu sua fala pedindo desculpas pelo inconveniente da temperatura. Na frente de outras jovens negras, Marielle falou sobre política, negritude e luta. E encerrou sua fala no evento citando a ativista de direitos civis Audre Lorde: "Eu não sou livre enquanto alguma mulher não o for, mesmo quando as correntes dela forem muito diferentes das minhas".

Naquele momento, Marielle dizia que lutava por todas. Falava por ela mesma e por todas as suas referências, do presente e do passado. Ela enchia qualquer local com sua energia e com a força de suas palavras. Trazia esperança. Naquela noite, antes de entregar o microfone para ir embora, enquanto era aplaudida, falou para uma das mulheres que estava na plateia: "Vamos juntas, vamos ocupar tudo".

Em casa, sua esposa Monica Benicio a esperava. Estava com febre, o dia tinha sido difícil por conta de uma gripe. Elas trocaram mensagens pelo celular. Marielle dizia que em breve estaria em casa para fazer uma sopa e

★ 1979
✝ 2018

cuidar de sua amada. Um dia corriqueiro de eventos e, depois, casa.

Quando ia embora, por volta de 21h30, o carro em que Marielle, o motorista Anderson Gomes e a assessora Fernanda Chaves estavam levou uma rajada de tiros vindos de uma submetralhadora. Treze tiros. Fernanda foi a única sobrevivente. Até junho de 2022, data de publicação deste livro, o crime seguia sem um desfecho. Depois de mais de mil dias sem respostas conclusivas.

É importante conhecer Marielle para compreender sua morte. Ela nasceu e cresceu na favela da Maré, no Rio de Janeiro. Trabalhou como doméstica, professora, dançarina e vendedora ambulante para sustentar a família e pagar pelos estudos. Cursou ciências sociais na Pontifícia Universidade Católica do Rio de Janeiro (PUC-Rio) com bolsa do Programa Universidade para Todos (Prouni); fez mestrado em administração pública pela Universidade Federal Fluminense (UFF); foi presidente da Comissão de Defesa da Mulher da Câmara Municipal. Era preta, bissexual e mãe. Deu à luz sua filha Luyara Franco quando tinha dezenove anos. Marielle era a síntese de diversas representações que não costumam ter chance em um Brasil machista, racista e homofóbico.

VIDA POLÍTICA

MARIELLE TORNOU-SE VEREADORA pelo Partido Socialismo e Liberdade (PSOL) em 2016. Foi eleita com 46 502 votos. Em seu curto mandato, escreveu dezesseis projetos de lei. Lutava pelo direito de pessoas LGBTQIAP+, contra o racismo, pela segurança nas favelas e também a favor de policiais vítimas de violência no Rio de Janeiro.

Pouco tempo antes de sua morte, havia assumido a presidência da Comissão de Defesa da Mulher da Câmara. Apresentou um projeto para que existisse o Dia da Visibilidade Lésbica, que não foi aprovado por apenas dois votos.

Marielle representou uma revolução gigante. Inspirava e inspira milhares de outras Marielles. Foi morta para ser silenciada. Mas seu legado segue em cada mulher preta que se tornou semente do que ela plantou. E elas continuam se multiplicando.

Sua família fundou o Instituto Marielle Franco. A ONG potencializa outras jovens para que a força de Marielle continue reverberando. Uma praça em Paris e uma rua em Lisboa ganharam seu nome; o mesmo ocorreu na Alemanha. Marielle segue em muitos lugares. Em muitas pessoas. Marielle está presente. Marielle, presente!

Continue por aqui
ASSISTA À SÉRIE DE 2020, MARIELLE, O DOCUMENTÁRIO, DISPONÍVEL NA GLOBOPLAY.

Matheusa — A ESTUDANTE NÃO BINÁRIA

★ 1997
† 2018

MATHEUS PASSARELLI NÃO SE considerava do gênero feminino, tampouco do masculino. Era uma pessoa não binária. Era Matheusa.

Estudante de artes visuais da Universidade do Estado do Rio de Janeiro (UERJ), definia seu corpo como "um corpo estranho", a exemplo do trecho de um poema escrito por Matheusa que figurava na parede de um ateliê onde ela costumava produzir: "Ser corpo estranho é ser cidadão. Na sociedade normativa, acadêmica, branca, colonizada, cisgênera, heterossexual, consumista. Ser corpo estranho é ter tomado consciência da importância de existir". Matheusa lutava com sua arte para existir.

Era 29 de abril de 2018. Acontecia uma festa de aniversário em Encantado, bairro da Zona Norte do Rio, e Matheusa havia sido convidada para fazer uma performance ali. Estava animada. O convite se estendia também para que fizesse uma tatuagem na aniversariante. Precisava do dinheiro naquele momento.

Estava se divertindo. Bebendo com amigos. Segundo uma das convidadas relatou para a juíza que participou do caso, ela teria recebido uma garrafa d'água "batizada" com a droga MDMA. A essa altura, a aniversariante não queria mais se tatuar, o que deixou Matheusa desconfortável, e ela decidiu ir embora.

Abraçou sua amiga e saiu correndo em direção à rua. Sem bolsa. Sem celular.

No meio da madrugada, foi vista pela última vez andando em direção ao Morro do Dezoito, região próxima de onde estava. Percorreu aproximadamente 1,6 quilômetro e, segundo relatos dos moradores, encontrava-se nua e estava desorientada. Em surto.

NOITE INTERROMPIDA

NO DIA SEGUINTE, Matheusa foi dada como desaparecida. Levou uma semana até a Delegacia de Descoberta de Paradeiros (DDPA) concluir que a estudante estava morta. Havia falecido naquela mesma madrugada.

O crime permaneceu com muitas lacunas incompletas por um bom tempo. Muitos acreditavam ter se tratado de transfobia. Outros diziam ter sido a "lei do morro", uma retaliação pelo comportamento que ela demonstrou. O único fato concreto é que Matheusa já não estava mais entre nós.

Foi no fim de 2019 que Manuel Avelino, traficante e autor do homicídio, confessou ter dado dois tiros em Matheusa. Disse que ela foi levada para uma espécie de "tribunal do tráfico". Contou que chegou a interrogá-la e que ela havia tentado

> *Eu habito o meu corpo para buscar habitar corpos e espaços nunca conhecidos. Utilizo de poesia como forma de sobrevivência sobre a pulsão de ser verdadeiro e estar o tempo inteiro se afirmando."*
>
> FX POLITICS

pegar seu fuzil. Nesse momento, os tiros aconteceram. Já com o corpo sem vida, foi esquartejada e queimada em um tonel.

Matheusa ainda tinha muito pela frente. Lutava por seus direitos na faculdade, escrevia zines, militava através de seu corpo e de seus incômodos. Colocava para fora sua dor através de diversos tipos de arte.

A comoção gerada por seu caso se deu principalmente por ela ter sido morta cinquenta dias após a execução de Marielle Franco. Ainda estávamos fragilizados demais. Era mais um corpo negro, mais uma pessoa LGBTQIAP+ cuja vida era interrompida. Assim como a vereadora carioca, Matheusa também segue por aqui. Matheusa está presente!

Continue por aqui

ASSISTA AO DOCUMENTÁRIO SEMPRE VEREI CORES NO SEU CINZA, DE 2018, EM QUE MATHEUSA APARECE EM MEIO AOS PROTESTOS DURANTE A CRISE DA UERJ.

Erica Malunguinho

A CRIADORA DO QUILOMBO URBANO

SEGUNDO A **Enciclopédia negra**, Malunguinho foi um lí- ★ 1981
der quilombola que viveu em Pernambuco por volta de
1800. Era um período em que vários quilombos estavam
sendo criados para que os escravos fugitivos conseguis-
sem se instalar, se fortalecer, ajudar outros a também
fugirem e ter um espaço para viverem a própria cultura.

Até hoje, porém, não se sabe ao certo se Malunguinho
foi uma única pessoa ou se o nome se referia a uma ideia
de liderança que se perpetuava, com vários líderes tendo
sido nomeados da mesma forma.

No mesmo estado de Pernambuco, mas duzentos anos
depois, nasce Erica da Silva. Uma mulher trans, negra,
que viveu em Recife até os dezenove anos e mudou-se
para São Paulo. Queria liberdade para viver suas relações
com o gênero com o qual se identifica e entender suas raízes negras.

A ida para São Paulo não foi para se afastar da família enquanto procurava se conhecer e se entender. Em seu
processo de transição, contou com o apoio da mãe. Foi ela

inclusive quem a ajudou a escolher o nome Erica. Já o sobrenome Malunguinho veio como referência ao culto de Jurema Sagrada, uma entidade da mata de Pernambuco de que Erica é descendente. É uma ressignificação que religiões afro-indígenas adaptaram para manter viva a força do Malunguinho do começo dessa história.

LIDERANÇA ARTÍSTICA

ERICA FAZ JUS AO sobrenome que escolheu. É uma líder dos tempos atuais. Como as pessoas que estão nessa posição, luta por si e pelos seus semelhantes. Em seu caso, com força na política e na educação.

Formada em pedagogia pelo Instituto Singularidades, mestra em estética e história da arte pela Universidade de São Paulo (USP), trabalhou com formação de professores levando arte por meio de suas aulas e apresentações. Foi desse modo, entendendo as carências culturais e a necessidade de dar voz a produções artísticas de negras e negros, que em abril de 2016 colocou de pé um espaço cultural de resistência no centro de São Paulo, o Aparelha Luzia. Não demorou para que o local ficasse conhecido como um quilombo urbano.

Localizado na rua Apa, a mesma do famoso castelinho mal-assombrado, como prega a lenda urbana paulistana, o Aparelha nasceu como um ateliê de artes e foi se transformando em um espaço para festas, exposições, rodas de samba e mostras de filmes. Também é um espaço para que pessoas negras — pretas e pardas — consigam se encontrar e se fortalecer. Na mesma lógica de um quilombo do período oitocentista de Malunguinho.

Apesar das referências quilombolas para nomear o local, a origem do nome foi outra. Erica buscou na luta contra a ditadura militar a inspiração de que precisava, quando "aparelho" era usado como referência a espaços de discussão sobre formas de resistência ao regime. Já o Luzia vem do fóssil mais antigo encontrado na América do Sul, na região de Minas Gerais. Com traços negros, ela trouxe um questionamento sobre a existência de povos africanos no Brasil há mais de 12 mil anos. Infelizmente, o artefato estava no incêndio que ocorreu no Museu Nacional, no Rio de Janeiro, em 2018. À época, segundo a direção do museu, 80% dos fragmentos do fóssil haviam sido encontrados.

LIDERANÇA POLÍTICA

CONTAR A HISTÓRIA DE Erica é falar de Luzia, de Malunguinho, de um universo de pessoas que a antecederam e seguem com ela. Ela conhece a própria voz. Sabe a importância dos lugares que ocupa. É necessária.

Em 2018, desbravou um novo espaço para ela e para São Paulo. Nas eleições daquele ano, foi eleita deputada estadual pelo PSOL. Em cerca de 180 anos da existência do cargo, ela foi a primeira mulher trans e negra a estar ali. Teve 55 223 votos.

As lutas de Erica aparecem em seus projetos de lei: resoluções ambientais, antirracistas, sobre o sistema prisional brasileiro, de apoio aos moradores de rua durante a pandemia e pelos direitos de pessoas LGBTQIAP+.

Em 2021, corria em São Paulo o projeto de lei 504/2020 para que fosse proibida a veiculação de publicidade com pessoas LGBTQIAP+, sob o velho argumento sem sentido de que tais propagandas poderiam influenciar crianças. Foi Erica a responsável por barrar o trecho homofóbico do PL. Em contrapartida, sugeriu uma emenda que reformulava a estrutura do mesmo PL. Dessa vez, o texto pedia que fossem proibidas alusões às drogas, sexo e violência explícita nas publicidades.

Erica está no presente. É alguém fazendo a história acontecer no hoje e no agora. Nas periferias de Recife, há cantos tocados em tambores que relembram a história do quilombola que a inspirou; nessas músicas eles clamam: "Malunguinho na mata é Rei". No nosso caso, na cidade, nossa Malunguinho se faz rainha! Com toda certeza o Malunguinho do passado olha e fortalece a Malunguinho dos anos 2020.

Continue por aqui

OUTRAS PESSOAS LGBTQIAP+ PARA ACOMPANHAR NA POLÍTICA: ERIKA HILTON, MONICA BENICIO, TAINÁ DE PAULA, DUDA SALABERT, BENNY BRIOLLY, DAVID MIRANDA E THABATTA PIMENTA.

Katú Mirim

A INDÍGENA DO FUTURO

KATÚ MIRIM NÃO CORRESPONDE a nenhum dos estereótipos sobre povos indígenas que a maioria de nós possamos ter em nosso imaginário. Ela é uma mulher com uma parte do cabelo raspada e muitas tatuagens. Não foi criada no Norte do país, mas sim em um bairro da região periférica de São Paulo. É lésbica e canta rap.

★ 1986

Katú passou por um longo processo até entender todas as características que conviviam dentro de seu corpo. Filha biológica de mãe negra e pai indígena, foi adotada aos onze meses por um casal de pais brancos que não conseguiam engravidar, como contou em seu Instagram. Fato que ganhou ainda mais atenção quando ela fez três anos e ganhou uma irmã, branca. Andar na rua era atrair olhares.

Na adolescência, Katú começou a buscar respostas sobre sua origem. Mais tarde, passou a frequentar uma aldeia na Zona Norte de São Paulo, na região do Jaraguá. Junto aos guaranis, participou de um ritual e saiu de lá com o nome que utiliza hoje em dia.

Esse reconhecimento foi importante para Katú entender não apenas quem é, mas também sobre como utilizar a própria voz. Compreender o lugar que seu corpo ocupa lhe dá a chance de aproveitar os espaços em que está in-

serida para tratar de temas importantes, como as altas taxas de suicídio e homicídio que ocorrem entre povos indígenas.

INSPIRAÇÃO PELA VIVÊNCIA

O ativismo e as lutas que perpassam sua existência são o tema central de sua música. Ela canta sobre cultura indígena, apagamento da história, sexualidade, raça, religião e outras dores e amores.

Na música "Diga não", por exemplo, ela enfatiza: "Homofóbicos não passarão, racistas não passarão/ Vocês falam tanto de inferno porque é para lá que vocês vão/ Nossa luta não é em vão, ouve essa verdade então:/ Jesus é índio, negro, viado, trans e sapatão". Já em "A busca", fala justamente sobre as expectativas históricas criadas sobre indígenas: "Diz que índio só anda pelado/ Vive da caça e não faz mais nada/ Fake news do livro de história". Também fala de sua relação com outras mulheres, como na música "Me tira o ar": "Tá na minha mente/ Agora vem me dar/ Gata eu tô quente, então me tira o ar/ Abre as pernas que eu vou mergulhar".

Katú toca nas feridas e nos amores, não deixa nenhum assunto caro a ela e a tantas outras pessoas ser ignorado. Foi assim que se tornou uma voz importante na criação da campanha sobre apropriação cultural que ganhou as redes sociais no Carnaval de 2018 com a hashtag #ÍndioNãoÉFantasia. Ela reivindicava que as pessoas não transformassem uma cultura que não era delas em fantasia carnavalesca.

Também é dessa forma que ela ocupa outras mídias. Participou de um projeto da marca de roupas Levi's, foi

Continue por aqui

CONHEÇA O TRABALHO DO COLETIVO TIBIRA (NO INSTAGRAM @INDIGENAS LGBTQ) E O SITE VISIBILIDADE INDÍGENA, AMBOS CRIADOS POR KATÚ MIRIM.

capa da primeira edição impressa de um novo formato da revista **Elle Brasil** e esteve na 25ª Parada do Orgulho LGBTQIAP+, que ocorreu de forma on-line em 2021.

Ocupar esses espaços faz com que várias outras pessoas se reconheçam. É o caso de seu filho, Nara, que tem dez anos e para quem Katú não quer impor um caminho preestabelecido. Quer apenas apoiá-lo trazendo temas importantes para dentro de casa para que ele consiga se reconhecer e se entender, mas sem dizer o que deve fazer ou a qual cultura deve pertencer.

"As pessoas já estranham ter uma indígena no meio periférico, ainda mais se ela é LGBT. Indígenas homossexuais existem e sempre existiram. Minha orientação sexual deve ser respeitada e eu luto por esse respeito. Quando estou na aldeia, as pessoas respeitam minha orientação sexual. É o não indígena que mais me julga e me desrespeita. No trabalho, no rap, ainda é uma luta. Deslegitimam minha identidade, porque dizem 'uma índia sapatão que faz rap', mas eu não baixo a cabeça para o preconceito, para o racismo. Racismo se enfrenta de cabeça erguida."

CONVERSA COM BIAL (2020)

Cultura
LGBTQIAP+

De "Bonequinho" a "Amor rural", a história LGBTQIAP+ na música brasileira

Segundo o pesquisador Rodrigo Faour, autor do livro **História sexual da MPB** (Record, 2006), a primeira música brasileira com temática LGBTQIAP+ data de 1903. Como é de se imaginar, a letra é sutil e muita coisa fica nas entrelinhas. É a história de um sujeito que é tão lindo que parece um bonequinho e usa roupas que valorizam sua bunda — a palavra não é dita na letra, mas fica subentendida. Chama, inocentemente, "O bonequinho".

De lá pra cá, inúmeras canções brasileiras têm valorizado o amor entre dois homens, ou entre duas mulheres, questionando o gênero, o corpo, o prazer em diversas formas e ritmos. Obviamente, também existiram aquelas com viés jocoso, como as marchinhas de Carnaval do tipo "Maria Sapatão" e "Cabeleira do Zezé".

Alguns compositores e intérpretes heterossexuais também se valeram do lugar de aliados para trazer a beleza dessas relações e histórias para o grande público.

Mas ocupando o local que lhes era de direito, já na década de 1970 e 1980, cantores como Edy Star, Marina Lima, Legião Urbana, Zélia Duncan, Cazuza, Angela Ro Ro e Adriana Calcanhotto deram voz às próprias vivências. Era uma abertura para fenômenos que surgiriam décadas depois. É o caso da música feita por drags como Pabllo Vittar, Lia Clark e Gloria Groove. Também de alguns cantores como Jaloo, Caio Prado, Johnny Hooker, Mahmundi e Ellen Oléria.

Embarque neste arco-íris musical!

Quer ouvir a playlist com as músicas citadas neste capítulo?

PROCURE POR FABULOSAS: HISTÓRIAS DE UM BRASIL LGBTQIAP+ NOS PRINCIPAIS SERVIÇOS DE MÚSICA

"O BONEQUINHO" — BAHIANO (1912)

NÃO SE SABE AO CERTO quem compôs essa música. Interpretada na voz de Bahiano, a canção fala sobre um lindo rapaz. "Que mãos que ele tem bonitinhas, que pés, que cabeça e que... ai que lindo, ai que lindo, ai que lindo bonequinho." Segundo o jornalista e historiador José Ramos Tinhorão, provavelmente o bonequinho era um rapaz que se vestia "engomadinho" e as reticências que cortam a música para o refrão se referiam à "bundinha bonitinha" dele.

"MULATO BAMBA" — NOEL ROSA (1931)

NOEL ROSA CANTAVA A respeito de um homem que não se apaixonava por mulheres. "As morenas do lugar/ Vivem a se lamentar/ Por saber que ele não quer/ Se apaixonar por mulher." Foi uma das primeiras músicas a tratar a homossexualidade de forma mais direta. Há relatos de que o tal "Mulato bamba" era ninguém menos que Madame Satã; outros que defendem que na verdade era dedicado ao amigo de Noel, o também compositor Ismael Silva.

"CAMISA LISTRADA" — ASSIS VALENTE (1937)

QUERIDINHO DE CARMEN MIRANDA, Assis Valente é tido como um dos pioneiros a introduzir em suas composições trechos dúbios que podiam ser interpretados como histórias da cultura LGBTQIAP+. Tudo era velado. Ele se aproveitava da temática carnavalesca para cantar sobre desejos e repressões. Em "Camisa listrada", um sujeito queria se fantasiar de Antonieta. Versa a música: "Rompeu minha cortina de veludo pra fazer uma saia/ Abriu o guarda-roupa e arrancou minha combinação". De forma até mais direta, em outro trecho, o mesmo personagem saía na rua dizendo que queria "mamar": "Tirou o anel de doutor para não dar o que falar/ E saiu dizendo eu quero mamar/ Mamãe eu quero mamar/ Mamãe eu quero mamar".

"CABELEIRA DO ZEZÉ" — JOÃO ROBERTO KELLY E ROBERTO FAISSAL (1964)

O PERSONAGEM ZEZÉ é um dos mais sofridos e humilhados da história da música brasileira. Na marchinha de Carnaval, com letra de João Roberto Kelly, o tema é tratado com deboche: "Olha a cabeleira do Zezé/ Será que ele é?/ Será que ele é?". Além de ter a sexualidade discutida, a música, que tem apenas quatro estrofes, desvia para questionar se ele é "transviado" e, tal qual a rainha de copas da Alice ordenaria, é decretado que seu cabelo seja cortado. "Parece que é transviado/ Mas isso eu não sei se ele é/ Corta o cabelo dele!/ Corta o cabelo dele".

"BÁRBARA" — CHICO BUARQUE E RUY GUERRA (1972)

FOI PARA A PEÇA **Calabar: O elogio da traição** — censurada na ditadura — de Chico Buarque e Ruy Guerra que a música "Bárbara" foi escrita, tida como a primeira canção a retratar de forma carinhosa e intensa a relação entre duas mulheres. Na história, é dito para Bárbara que nunca é tarde para viver sua paixão. "Vamos ceder enfim à tentação/ Das nossas bocas cruas/ E mergulhar no poço escuro de nós duas." Além da voz de Chico, Angela Ro Ro, Gal Costa e Simone também regravaram a canção e cantaram sobre o amor dessas mulheres.

"EMOÇÕES" — WANDO (1978)

NÃO CONFUNDA ESTAS emoções com as de Roberto Carlos. Para Wando, conhecido também pela coleção de calcinhas que as fãs lhe entregavam, na canção de 1978, o amor de dois homens e a entrega sexual era cantada com lirismo. Na história, dois meninos se amavam sob a luz da lua. "Te agasalhei nos braços/ Pele, mãos, espaços acariciei/ Te amei suavemente/ E *tão docemente eu me fiz teu rei*".

"HOMEM COM H" — NEY MATOGROSSO/ ANTÔNIO BARROS (1981)

HOJE ENTENDEMOS QUE NÃO é roupa, maquiagem ou qualquer trejeito que define o gênero de uma pessoa. Quando Ney Matogrosso entrava no palco, naquele 1981, usando franjas e com o rosto pintado, mostrava isso reafirmando seu lugar como homem cantando: "Ai meu Deus como eu queria/ Que esse cabra fosse homem, cabra macho pra danar/ Ah! Mamãe aqui estou eu, mamãe aqui estou eu/ Sou homem com H".

"MASCULINO E FEMININO" — PEPEU GOMES, BABY DO BRASIL E DIDI GOMES (1983)

AO LADO DE SEU irmão Didi Gomes e de sua esposa Baby do Brasil, Pepeu Gomes discutiu o que era masculino e feminino e questionava por que essas divisões existiam. "Ser um homem feminino/ Não fere o meu lado masculino/ Se Deus é menina e menino/ Sou masculino e feminino." A música deu nome ao álbum de Pepeu. Na capa, ele aparece maquiado, com visual futurístico e andrógino, casando tema e imagem com o que queria expressar naquela época.

"MENINOS E MENINAS" — LEGIÃO URBANA (1989)

SEM QUAISQUER ENTRELINHAS, desde o título da música, é direta a referência à bissexualidade. Renato Russo afirmava gostar de muitos lugares: São Paulo, São João, San Francisco e São Sebastião. E dizia que, apesar de estar se descobrindo, não precisava se limitar. "E eu gosto de meninos e meninas/ Vai ver que é assim mesmo/ E vai ser assim pra sempre/ Vai ficando complicado/ E ao mesmo tempo diferente."

"ROBOCOP GAY" — MAMONAS ASSASSINAS (1995)

A MÚSICA DOS MAMONAS é homofóbica ou fala de liberdade para se experimentar e ser quem quiser? "Robocop gay" não é uma letra fácil. No meio de toda a brincadeira que existia nas músicas da banda, a queridinha das festas de casamento e de quinze anos flutua entre o escracho das primeiras estrofes e o punk de libertação que segue até o final. Se no começo da música o viado quer malhar e fazer cirurgias para entrar em um padrão estético, depois ele sai de cena para que a conversa seja feita com quem está ouvindo a música: "Abra sua mente/ Gay também é gente". O mérito fica por esses versos, por pautar o tema no meio de toda a zoeira que cantavam em 1995 — época em que pouca gente comprava a briga sobre o assunto.

"SUPERAFIM" — CANSEI DE SER SEXY (2005)

COM LETRAS ENGRAÇADINHAS, no começo dos anos 2000 a banda paulistana Cansei de Ser Sexy fazia tanto ou mais sucesso fora do Brasil do que aqui. Lá fora, eram mais conhecidos por CSS. O nome original havia saído de uma entrevista da Beyoncé, quando ela disse ter se "cansado de ser sexy". Com vários festivais na Europa na carreira,

cantavam mais em inglês que português. Em "Superafim", falavam de amor e moda brincando com termos confusos para contar a história de uma mulher lésbica — no trecho da música ela se refere a essa personagem como "Lesbian Chic" e "sapacaxa do agreste" — que estava superafim da protagonista da música.

"DIVINE GOSA" — BONDE DO ROLÊ (2007)

OUTRA BANDA QUE VIVIA no underground paulistano e fazia sucesso com os gringos era o Bonde do Rolê. As letras falavam abertamente e de forma escrachada sobre sexo e infecções sexualmente transmissíveis. Em "Divine gosa", eles falam do próprio ato de gozar. Na letra, é narrada de forma nada sutil a relação sexual entre duas mulheres: "Esfrega daqui e roça de lá/ Arranha a aranha pra chapa esquentar/ Deda daqui e lambe de lá/ Arranha a aranha pra chapa esquentar".

"NÃO RECOMENDADO" — CAIO PRADO (2014)

DEPOIS DE ANOS DE LETRAS engraçadas e muitas vezes problemáticas, a música LGBTQIAP+ entrou em outro momento marcado pela militância. Afinal, já eram outros tempos, de redes sociais e de vozes que antes eram silenciadas e que não aceitam mais se calar. Em "Não

recomendado", Caio Prado diz não caber no que é posto a ele: "A placa de censura no meu rosto diz:/ Não recomendado à sociedade". Ele pega xingamentos e opressões que ouviu durante a vida para gritar, dessa vez em sua voz: "Pervertido, mal-amado, menino malvado, muito cuidado/ Má influência, péssima aparência, menino indecente, viado".

"LÉSBICA FUTURISTA" — GA31 (2014)

A MÚSICA "LÉSBICA FUTURISTA" se tornou um hino lésbico e tema de um universo de fantasias de Carnaval. Com voz sintetizada, Ga31 — lê-se Gabi — é uma espécie de robô eletrônica e misteriosa. Justifica a música ser feita de forma quase narrada. A letra diz: "Lésbica futurista/ Sapatona convicta/ Eu não vou deixar a inveja me abalar, pra sempre". Diz ainda: "Lésbicas, putas/ Lésbicas, sem culpa". Em 2021, a música viralizou na Rússia através do TikTok. Provavelmente eles não faziam ideia do que ouviam, mas já criaram as famosas dancinhas e incluíram o refrão em vídeos feitos nos mais variados locais, como durante um procedimento facial em uma clínica de estética.

"LESBIGAY" — AÍLA (2016)

A CANTORA PARAENSE começou a carreira em 2008. Em seu disco de 2016, cantou com Dona Onete e Gaby Amarantos. Em "Lesbigay", Aíla fala sobre toda forma de

amor ser justa. Fala de um local onde tudo seria permitido, o local que dá o nome à música: "Onde o amor não tem cor, nem nome, nem pressa/ Onde a vida é livre e nada mais interessa/ Eu não sou pecador/ *Só quero amar sem pudor*". Um local ao qual se pode voltar: "Senti saudade voltei lá no lesbigay". Lá "onde o amor é amor, seja do jeito que for".

"BIXA PRETA" — LINN DA QUEBRADA (2017)

LINN DA QUEBRADA É TRAVESTI e já foi várias versões dela mesma. Em 2017, em "Bixa preta", ela cantava sobre uma bicha que era "estranha, louca, preta, da favela" e que "quando ela tá passando, todos riem da cara dela". Ela

trouxe uma voz que era pouco ouvida e que tinha muito para falar. Mandava *enviadecer* — no neologismo criado por ela — a viadagem e mostrava que não levaria desaforo pra casa, que não estava para brincadeira e que, como canta, quicando ia passando, sem ninguém mais para dar risada dela.

"DONA" — GLORIA GROOVE (2017)

GRANDE PARTE DAS MÚSICAS FEITAS por drag queens brasileiras ganhou espaço no *mainstream* por conta de Gloria Groove e Pabllo Vittar. No começo de sua carreira, Gloria trazia um som menos pop e mais agressivo. Em "Dona", fala sobre ser drag queen e os desafios que existem nesse meio. "Ai, meu Jesus!/ Que negócio é esse daí?/ É mulher?/ Que bicho que é?/ Prazer, eu sou arte, meu querido/ Então, pode me aplaudir de pé!", canta Glória, debochada. "Cultivo respeito/ Cultura drag é missão/ Um salve a todas as montadas da nossa nação// Corro com vocês, eu sei que fácil, não é, nunca. Lembra dos cara achando que consumação paga peruca?".

"FLUTUA" — JOHNNY HOOKER (2017)

EM 2017, O RECIFENSE Johnny Hooker lançou seu segundo álbum. Uma das músicas repercutiu especialmente entre o público LGBTQIAP+. Com participação da cantora Liniker, "Flutua" rapidamente se tornou um hino da comunidade e tema de comerciais no mês do orgulho, mesmo anos depois de seu lançamento. No clipe, de quase oito minutos, um casal de dois homens se beija na rua. Quando um deles, interpretado por Jesuíta Barbosa, vai embora, um grupo se aproxima do outro com pedaços de madeira para espancá-lo em um ataque homofóbico. A letra fala de situações por que toda pessoa LGBTQIAP+ passa ou tem medo de passar. Como quando surge a dúvida de como vai ser apresentar o companheiro ou a companheira para a família: "O que vão dizer de nós?/ Seus pais, Deus e coisas tais/ Quando ouvirem rumores do nosso amor?". Para no refrão afirmar: "Ninguém vai poder querer nos dizer como amar".

"AMOR RURAL" — GABEU (2019)

FILHO DO CANTOR SERTANEJO Solimões, da dupla Rio Negro e Solimões, Gabeu surgiu na mídia por conta dos comentários fofos que seu pai fazia nas fotos em que ele estava com o namorado. Seguindo os passos vocais da família, lançou "Amor rural" trazendo para o universo da música sertaneja a vivência de uma pessoa LGBTQIAP+. Daquele single

surgiu um estilo musical que ganhou outras vozes como Alice Marcone, Reddy Allor e Gali Galó. Era o nascimento do *queernejo*. Uma forma de ressignificar um estilo musical enraizado no machismo. Na música de Gabeu, ele convidava o boy a viver o amor deles: "Vamo assumir o nosso amor rural/ Sai desse armário e vem pro meu curral". Até porque o que ele queria mesmo era montar naquela "cela", "cavalgar até ela" para que eles descobrissem que eram viados.

Divinas divas: as musas do teatro

EXISTE NA CINELÂNDIA, no centro do Rio de Janeiro, um teatro que contou com a ajuda de oito travestis, transformistas e mulheres trans para se reerguer no período da ditadura. O local precisou delas e elas se protegeram ali. Ele é conhecido como Teatro Rival ou "o teatro da família da Leandra Leal". Em 2016, a atriz, que passou a infância nos bastidores das atrações, dirigiu o documentário **Divinas divas**, contando a história das oito personagens que tiveram uma importância gigantesca para o teatro e registrou o último espetáculo que fizeram, em 2014.

Inaugurado em 1934, o Teatro Rival passou por inúmeras fases e necessidades que quase fecharam suas portas. Das apresentações que passavam pelo palco principal, a mais pedida era o humor do teatro de revista. Eram sátiras que falavam sobre sociedade e política. Foi ali que surgiram os shows burlescos nacionais e os musicais apresentados por travestis. E tudo isso existia mesmo durante o período da ditadura brasileira.

Era uma extrema contradição em um universo conservador. A presença daqueles corpos não era permitida na rua por lei: era considerado crime de "vadiagem". A vista grossa era feita desde que elas permanecessem apartadas da sociedade. Mas isso mudava nas noites em que havia espetáculos, e ali elas eram as estrelas principais. Lotavam a casa e garantiam a distância dos censores. Conseguiam isso por ter um estilo de show que trazia a linguagem política, que era censurada, encoberta pelo humor.

Em 2004, o show **Divinas divas** começou a ser apresentado e ficou no ar por dez anos. Era uma apresentação burlesca, cheia de penas e brilhos, com referências às grandes divas americanas. Um dos nomes mais famosos de quem se apresentava ali era o de Rogéria, que você já conheceu neste livro. Ao lado dela estavam outras sete que possuíam menos espaço na grande mídia. Além de Rogéria, três já faleceram. Contar estas histórias é também fazê-las presentes.

JANE DI CASTRO

A ATRIZ E CANTORA TEVE uma carreira de mais de meio século. Viveu com o amor de sua vida por 51 anos. Esteve na linha de frente da luta para garantir mais espaço às travestis em produções culturais. Em seu período de glória, era anunciada como "Jane: a estrela travesti". Trabalhou no teatro e atuou em três novelas, sendo a última **A força do querer**, da Rede Globo. Jane faleceu em 2020, aos 73 anos, vítima de um câncer, e terá sua história contada em uma biografia.

MARQUESA

PARA A INAUGURAÇÃO DE uma boate em Copacabana, Marquesa se vestiu de noiva. A ideia era trazer o público LGBTQIAP+ para o local. A repercussão foi tamanha que jornais noticiaram o fato com manchetes como "As bodas do diabo" e "Em Copacabana, a solenidade mais espantosa do século". Ela chegou em casa e escondeu o vestido. A família não sabia de suas apresentações, mas, estampada no jornal, Marquesa não pôde mais se esconder. De origem rica, sua mãe, horrorizada com o fato, a internou em um sanatório. A prática existia no Brasil quando outras sexualidades eram entendidas como desvio psíquico. Ela faleceu em 2015, aos 71 anos. Seu enterro foi custeado por Leandra Leal, que havia acabado de gravar as cenas do documentário. No velório, outras "divas" estavam lá como sua família.

ELOÍNA DOS LEOPARDOS

AS PESSOAS CONSERVADORAS podem ficar chocadas, mas a primeira rainha de bateria de uma escola de samba do Rio de Janeiro foi uma travesti! Eloína desfilou em 1976 pela Beija-Flor, por conta de Joãosinho Trinta. Havia chegado de Hong Kong após fazer sua cirurgia de implante de seios. Na época, a alcunha "dos Leopardos" ainda não existia; o título viria apenas alguns anos depois, por conta de uma peça em que dançarinos tiravam a roupa durante as apresentações e apareciam no final exibindo o próprio pênis ereto. O título era **A noite dos leopardos** e quem chegou a fechar o teatro para assistir ao espetáculo, quando estava de passagem pelo Brasil, foi ninguém menos que Madonna.

DIVINA VALÉRIA

ATRIZ E CANTORA, por muito tempo se definiu como transformista e travesti. Hoje não se designa como homem ou mulher e diz não se preocupar muito com isso. Começou a se montar pegando uma peruca emprestada de uma amiga. Quando a família saía de casa, Divina colocava a peruca e ia para a janela. Gostava da sensação que despertava nas pessoas. Chegou a ser presa por estar vestida como mulher na rua. Viveu no Brasil, na Espanha, na França e fez shows em vários outros países. Atuou no filme **Cidade baixa** e em 2019 ganhou um Kikito, prêmio dado no Festival de Cinema de Gramado, por sua participação no filme **Marie**.

CAMILLE K

ANTES DE ENTRAR na carreira artística, Camille era cabeleireira. Penteava artistas famosas. Uma delas foi a cantora da era de ouro do rádio Marlene, sua referência principal. Nos palcos e sob holofotes, Camille interpretava as músicas de Marlene. Carioca, fez uma carreira quase inteira no teatro, começando no Rival em 1972. Atuou em produções variadas nas décadas de 1970, 1980 e 1990. Era também a diva fashionista. Conta que usava cabelo em corte channel platinado e roupas no estilo da modelo americana Twiggy. No teatro, também esteve em duas peças dirigidas por Miguel Falabella.

BRIGITTE DE BÚZIOS

A FAMÍLIA DE BRIGITTE a apoiava, assistia a seus shows e torcia por ela. Um tio comprou uma passagem para que ela fosse para Nova York. Ele conheceu por lá um clube que tinha tudo a ver com o estilo de show que ela apresentava, e a família toda foi junto para assisti-la. Fazia cerca de quatro shows por fim de semana. Nos Estados Unidos, era conhecida como Brazilian Bombshell (algo como a sensação brasileira). Brigitte faleceu em 2018, aos 74 anos. A diva foi encontrada morta em seu apartamento.

FUJIKA DE HALLIDAY

A MAIS DISCRETA DAS DIVAS, pouquíssimo se encontra sobre sua vida. Como suas parceiras de palco, viveu em outros países como França e Suíça fazendo shows. Casou-se com Alfredo, que a assistia no Rival e certa vez lhe entregou uma rosa no palco. Dali tiveram um amor que durou por muitos anos, até Alfredo morrer enquanto dormia ao lado de Fujika. A única negra do grupo, questiona o título de diva. Acha uma palavra com muita responsabilidade. Mas gosta de ser artista.

Continue por aqui
VEJA O DOCUMENTÁRIO DIVINAS DIVAS, DE LEANDRA LEAL.

Além do arco-íris

A PRIMEIRA VERSÃO DA BANDEIRA de arco-íris que conhecemos foi feita pelo artista norte-americano Gilbert Baker, em 1978. Na ocasião, o político e ativista Harvey Milk queria uma bandeira com simbologia forte para ser apresentada para o Dia da Liberdade Gay, em San Francisco, evento precursor da parada LGBTQIAP+.

Antes disso, o símbolo utilizado era o triângulo rosa. O mesmo que os nazistas alemães marcavam na pele de homossexuais para identificá-los em campos de concentração. Assim como o catolicismo se utiliza da figura da cruz para relembrar de um fato doloroso, no caso do movimento LGBTQIAP+, o triângulo era então ressignificado para a luta não ser esquecida.

Milk queria mudar essa lógica. Na versão encomendada para Baker, oito cores com significados distintos formavam a nova bandeira: rosa (sexo), vermelho (vida), laranja (cura), amarelo (luz do sol), verde (natureza), turquesa (mágica/ arte), anil (harmonia/ serenidade) e violeta (espírito). O rosa e o turquesa caíram por uma questão de material, já que muitas fábricas não possuíam tecidos nessas cores. Daí a versão com seis cores mais difundida.

Outras variações — como a que traz a inclusão do preto e do marrom para representar lutas raciais — foram surgindo com o tempo, a maior parte nos Estados Unidos, e se espalhando ao redor do globo. Aqui, você confere algumas delas que representam o orgulho e a luta de cada pessoa da comunidade LGBTQIAP+.

AS EVOLUÇÕES DO ARCO-ÍRIS

A BANDEIRA DO PROGRESSO foi proposta pelo designer norte-americano Daniel Quasar. Segundo ele, a evolução traria a representatividade trans e racial. Alguns movimentos de mulheres lésbicas rejeitaram a versão conhecida como "Bandeira do Progresso". Para elas, a falta das cores que estão na bandeira lésbica acaba por silenciar mulheres lésbicas e bissexuais.

1978

ORGULHO BISSEXUAL

DESENHADA POR Michael Page, o objetivo da bandeira era dar visibilidade para a causa bissexual tanto na esfera da sociedade mais ampla quanto dentro da própria comunidade LGBTQIAP+. As cores escolhidas na época da criação partiam do estereótipo de cores binárias: o feminino (rosa) e o masculino (azul). Daí o roxo para representar a atração pelos dois gêneros.

ORGULHO TRANSGÊNERO

CRIADA EM 1999 por Monica Helms, uma mulher trans norte-americana, foi apresentada pela primeira vez na Parada do Orgulho do Arizona, em 2000. As cores também foram pensadas para tratar a ideia do masculino e feminino por meio do azul-claro e rosa. Nas palavras de Helms, a faixa branca representa as pessoas que "estão em transição, são intersexo ou consideram ter um gênero neutro ou indefinido". Em 2015, a escritora e ativista Raquel Willis sugeriu uma nova versão, substituindo a cor branca pela preta para dar visibilidade à questão da raça. Essa reinterpretação ficou conhecida como "Bandeira Trans Preta".

ORGULHO LÉSBICO

A BANDEIRA QUE MAIS teve variações foi a do movimento lésbico. A primeira versão foi criada em 1999 por Sean Campbell. O desenho de um lábris — o machado de duas pontas — no centro era utilizado desde a década de 1970 como um símbolo de empoderamento feminino. Já o triângulo preto invertido, utilizado pelos nazistas em campos de concentração para marcar mulheres lésbicas ou que se opusessem aos maridos, é utilizado aqui como símbolo de resistência. A cor roxa tem a ver com a poesia de Safo. Em 2010, uma atualização da bandeira, com listras horizontais e o desenho de um beijo com batom começou a ser utilizada, mas foi criticada por conta do estereótipo de feminilidade. Desde 2017, uma bandeira que se popularizou através do Tumblr tem sido utilizada por algumas pessoas. Ela é representada por cinco listras em tons de vermelho, rosa e laranja e tem significado pautado pela não conformidade de gênero e pela independência. Nessa versão, as mulheres trans também foram incluídas.

1999/ 2017

ORGULHO PANSEXUAL

A BANDEIRA TRAZ novamente a lógica do rosa e do azul para falar do aspecto feminino e masculino. A cor amarela foi a escolhida para representar pessoas não binárias, sem gênero e de gênero fluido. A combinação das três cores explica a pansexualidade: ou seja, pessoas que se sentem atraídas por outras independentemente do gênero.

2010

ORGULHO ASSEXUAL

A BANDEIRA FOI CRIADA pela Asexual Visibility and Education Network (AVEN) — Rede de Visibilidade e Educação Assexual. Possui quatro cores representativas do universo assexual. O preto traduz a ausência de atração sexual, o cinza fala da "área cinzenta" entre os universos sexual e assexual — por exemplo, os demissexuais, que só sentem desejo de cunho sexual depois de criar um forte vínculo emocional com a outra pessoa —, o branco se refere aos aliados e não assexuais e o roxo, ao conceito de comunidade.

2010

ORGULHO INTERSEXUAL

2013

CRIADA POR MORGAN CARPENTER, da Intersex Human Rights Australia — Direitos Humanos Intersexo da Austrália —, a bandeira trata do conceito de totalidade. Da luta de pessoas intersexo para conseguirem fazer escolhas sobre o próprio corpo. O amarelo representa a não binaridade e o círculo roxo mostra a completude em prol da qual lutam.

2014

ORGULHO NÃO BINÁRIO

PROPOSTA POR KYE ROWAN, a ideia por trás das quatro cores da bandeira era representar uma pessoa que não se identifica necessariamente no masculino ou no feminino. A cor amarela diz respeito à não binaridade, o branco tem a ver com quem se vê com mais de um gênero, o roxo traduz a fluidez de gênero e o preto, as pessoas que não se identificam em nenhum gênero.

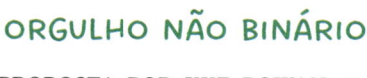

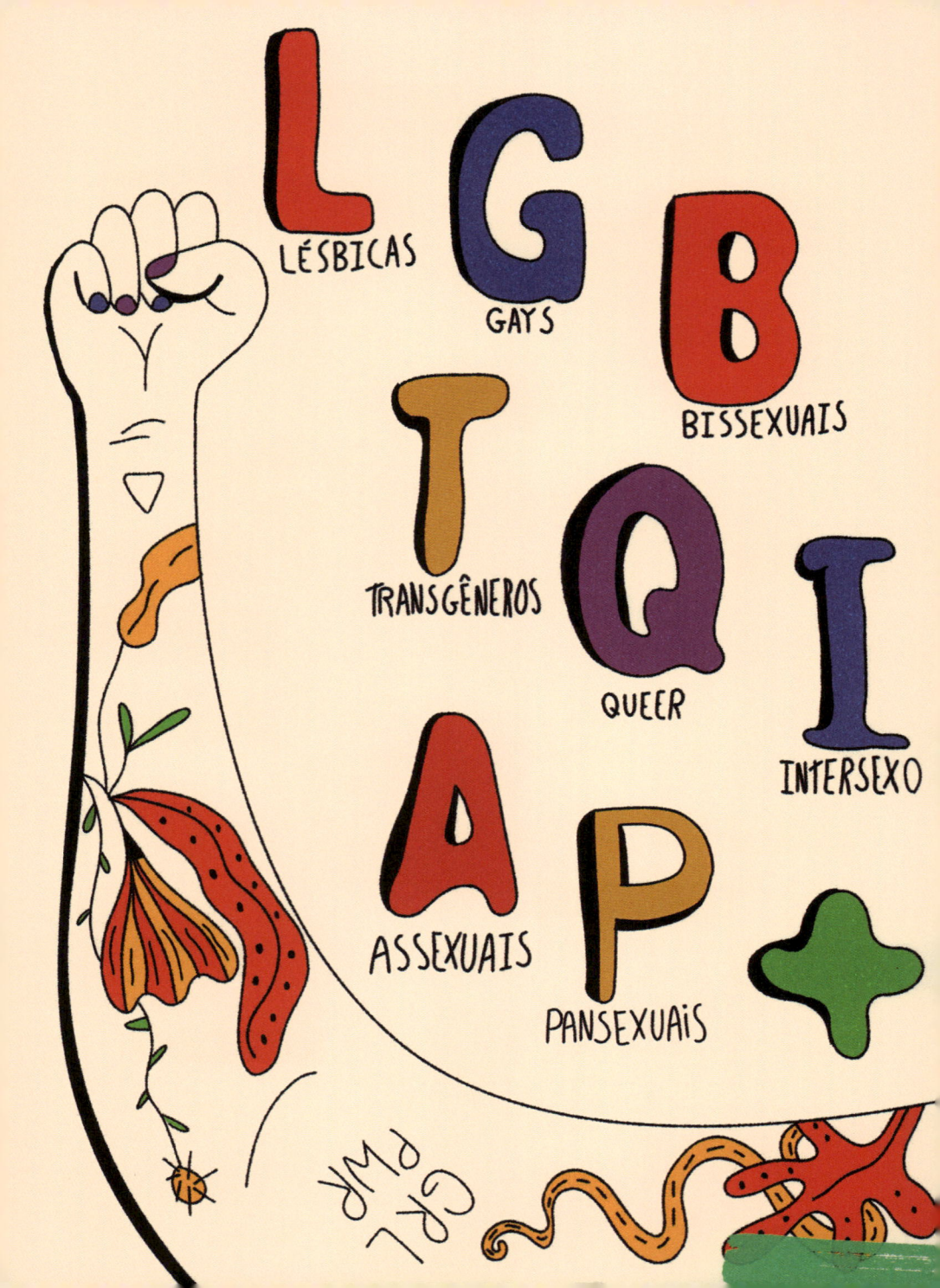

O bê-á-bá LGBTQIAP+

EM JUNHO DE 2021, no mês do orgulho, um meme virali-zou com a apresentadora do **Vem pra Cá**, do SBT, Patrícia Abravanel dando uma opinião sobre respeito, o lugar do outro e chamando a sigla LGBTQIAP+ de "LGDBTYH". A repercussão nas redes sociais foi grande, não demorou para que ela retomasse o assunto no programa, alguns dias depois, para se desculpar. Na ocasião, chamou uma pessoa da produção do programa e, com um papel com a sigla escrita, tentou explicar cada uma das letras, criando novamente uma confusão com os significados.

É comum que uma visão preconceituosa sobre a sigla seja proferida, geralmente neste formato da "sopa de le-trinhas", como se as letras tivessem sido escolhidas ao acaso. Para quem não pertence ao universo LGBTQIAP+, é comum achar isso frescura ou "invenção de moda".

Acontece que cada letra possui uma luta com causas bem distintas e específicas, mesmo que façam parte do mesmo guarda-chuva. Do antigo GLS (gays, lésbicas e simpatizantes) às versões mais recentes, como a LGBT-QIAP+ que usamos aqui, as transformações da sigla para se referir ao movimento foram acontecendo no Brasil acompanhando discussões que aconteciam sobre o tema pelo mundo.

até 1990

MOVIMENTO HOMOSSEXUAL DO BRASIL

EM NOSSO PAÍS, os primeiros passos de um movimento LGBTQIAP+ organizado não possuíam sigla. O nome era taxativo e determinado para abranger um único grupo, os homens homossexuais. Dessa época, trazemos como herança o fato de homens cis gays ainda terem comparativamente mais privilégios dentro (assim como fora) da comunidade.

1992

MOVIMENTO DE LÉSBICAS E HOMOSSEXUAIS

LEVOU DOIS ANOS para que as mulheres lésbicas aparecessem no título e embarcassem juntas na luta. É importante entendermos que já existia uma organização dos grupos anterior a essa data, mas aqui é analisado o período em que o movimento se estruturava de forma mais organizada.

GLS (GAYS, LÉSBICAS E SIMPATIZANTES)

1994– –1995

NESSE PERÍODO, por uma questão mercadológica, o termo GLS se popularizou. Segundo André Fischer, criador da sigla, em entrevista a Flávia Perét no livro **Imprensa gay no Brasil**, o termo tentava incluir pessoas heterossexuais, como na versão americana *gay friendly*. Isso ocorreu a partir do entendimento de que não era só a própria comunidade que estava interessada na cultura e no poder financeiro de gays e lésbicas.

GLT (GAYS, LÉSBICAS E TRAVESTIS/TRANSGÊNEROS)

1995

A VOZ DAS PESSOAS transgêneros e travestis só ganhou espaço na sigla do movimento mais tarde. Aqui começa a ficar mais clara a diferença nas lutas. Esses corpos estão na linha de frente, sofrendo mais preconceito e, de forma sistêmica, sendo expostos a situações de maior vulnerabilidade. O direito de usar nome social e conseguir tratamentos hormonais pelo SUS eram algumas das principais lutas de parte do movimento, mas só viria a se tornar realidade muitos anos depois.

GLBT (GAYS, LÉSBICAS, BISSEXUAIS E TRAVESTIS/TRANSGÊNEROS)

1999

INTERNACIONALMENTE, AS PESSOAS bissexuais foram incluídas na sigla em 1999. Embora alguns veículos e instituições no Brasil já tenham adotado o novo termo antes da virada do milênio, ainda há registros da sigla sem o B em 2003 e 2005. Entre as lutas das pessoas bissexuais, uma das principais é a própria visibilidade. Existem preconceitos baseados na ideia de que bissexuais são pessoas confusas ou indecisas, algo completamente infundado.

2008 — LGBT (LÉSBICAS, GAYS, BISSEXUAIS E TRAVESTIS/TRANSGÊNEROS)

A APROVAÇÃO DA MUDANÇA do termo aconteceu na 1ª Conferência Nacional GLBT, em Brasília. A substituição procurava dar mais voz para a causa lésbica. Parte-se novamente dos privilégios que homens gays têm por serem homens inseridos em uma sociedade patriarcal.

2018 – -2021 — LGBTQIAP+ (LÉSBICAS, GAYS, BISSEXUAIS, TRAVESTIS/TRANSGÊNEROS, QUEER, INTERSEXO, ASSEXUAIS, PANSEXUAIS E OUTROS GÊNEROS E ORIENTAÇÕES SEXUAIS)

OUTRAS LUTAS FORAM incorporadas também se pautando por nomenclaturas e avanços que aconteciam fora do nosso país. Em 2018 ganhou força a sigla LGBTQIA+, e desde 2021 a versão mais aceita é LGBTQIAP+, com a inclusão dos pansexuais.

E afinal, o que é o quê?

A SIGLA **LGBTQIAP+** abarca termos usados tanto para indicar orientações sexuais quanto identidade de gênero e outras definições. Note, por exemplo, que as três primeiras letras da sigla LGBTQIAP+, assim como a letra P ao final, se referem apenas à orientação sexual, ou seja, não é sobre *o que* a pessoa é, mas *com quem* ela se relaciona. Mas vale detalhar símbolo a símbolo.

LÉSBICAS: mulheres (cis ou trans) que sentem atração afetiva ou sexual por outras mulheres (cis ou trans).

GAYS: homens (cis ou trans) que sentem atração afetiva ou sexual por outros homens (cis ou trans). O termo homossexualidade é o mais correto, já que o antigo homossexualismo denotava doença com o sufixo "-ismo".

BISSEXUAIS: são pessoas que sentem atração afetiva ou sexual por homens, mulheres e outros gêneros. O termo era utilizado antigamente para definir apenas a atração por homens e mulheres, até pelo prefixo que indicaria dois. Com a evolução do assunto, o termo começou a ser mais difundido e abarcou mais sexualidades! A diferença principal em relação aos pansexuais é que bissexuais se relacionam com vários gêneros, enquanto pessoas pansexuais não se importam com gênero.

LGBTQ

TRANSGÊNEROS: a pessoa trans não se identifica com o gênero atribuído a ela no nascimento. Ela possui uma identidade divergente. É o caso de mulheres trans, homens trans e travestis. Por exemplo: a pessoa nasceu com um órgão genital masculino, mas se identifica como uma mulher, sendo assim uma mulher trans. Pessoas não binárias também se encaixam aqui. Elas não se identificam necessariamente com o sexo feminino ou masculino, portanto, transgridem a cisgeneridade.

QUEER: o termo vem do inglês e a tradução literal é "estranho". Pode designar todas as pessoas que fogem do padrão heterossexual e cisgênero e que fazem questionamentos sobre os gêneros impostos pela sociedade. É comum em países de língua inglesa o uso do termo como guarda-chuva para todas as outras sexualidades.

INTERSEXO: quem nasce com características biológicas femininas e masculinas. Os órgãos podem ter se desenvolvido de forma total ou parcial. Muitas vezes passam por cirurgias na infância de forma compulsória, sendo o fim desse absurdo uma das maiores lutas das pessoas intersexo. É provável que você já tenha se esbarrado com o termo "hermafrodita", mas ele não é mais utilizado. O correto é "intersexo" mesmo.

I A P +

ASSEXUAIS: existem diferentes aspectos dentro da classificação de pessoas assexuais. O que era entendido como falta de atração física ou sexual por outras pessoas vem ganhando subgrupos que se diferem e fazem parte deste mesmo espectro. Uma pessoa assexual pode ter uma atração romântica ou se envolver sexualmente a partir de um envolvimento afetivo, caso dos demissexuais. Não confundir com o termo "assexuado", que pode significar ausência de órgãos sexuais, o que pode soar pejorativo.

PANSEXUAIS: pessoas cuja atração sexual, romântica ou emocional independe da identidade de gênero do parceiro.

"+": o símbolo engloba outros gêneros e orientações sexuais não delimitados na sigla.

DOIS-ESPÍRITOS: embora mais comum em países da América do Norte, o termo "two-spirit" também aparece em algumas siglas. Refere-se à história indígena e ao papel sagrado e político que pessoas que desviavam da lógica heteronormativa possuíam em suas tribos. Os dois espíritos se referem à capacidade de transitar entre o masculino e o feminino. Durante o processo colonizador nas Américas, por exemplo, essa história foi sendo apagada. Agora, ressurge em alguns movimentos.

Beija eu, me beija e mostra pro Brasil

ERA 2005, E O BRASIL inteiro assistia à novela das oito da Globo, como acontecia na época pré-smartphone. A trama da vez era **América**, de Gloria Perez. Os personagens Júnior, vivido por Bruno Gagliasso, e Zeca, interpretado por Erom Cordeiro, se amavam em um universo sertanejo, de rodeios e fazenda. O último episódio foi exibido em novembro daquele ano, e todas as cenas gravadas pelo elenco correspondiam ao figurino de um clássico fim de novela: a cena do casamento, dos anúncios de gravidez e dos beijos dos casais apaixonados. Gagliasso e Cordeiro também se entregaram àqueles personagens e gravaram a cena de um beijo, que foi censurada horas antes de ir ao ar — nem o elenco da novela havia sido avisado do corte.

Na Rede Globo, a cena de dois homens se beijando de forma romântica só viria a acontecer em 2014 com os personagens Niko, de Thiago Fragoso, e Félix, de Mateus Solano, na novela **Amor à vida**. Quase dez anos depois.

Mas se engana quem acha que aquele foi o primeiro beijo entre pessoas do mesmo gênero na TV. Foi em 1963 que as atrizes Vida Alves e Geórgia Gomide apareceram se beijando na tela da extinta TV Tupi, na novela **A calúnia**. De lá pra cá, muitos autores tentaram repetir o feito. No limbo que separou as trajetórias de Júnior/ Zeca e Niko/ Félix, foi pelo SBT que a lacuna foi preenchida. Em 2011, o canal tomou a largada e levou ao ar um beijo lésbico entre as personagens Marcela, de Luciana Vendramini, e Marina, de Giselle Tigre, na novela **Amor e revolução**.

Enquanto isso, outros beijos aconteceram em novelas. Aliás, milhares deles: todos heterossexuais. O engraçado é que na prática não faz diferença: são dois pares de lábios se encostando. Nada mais que isso, pelo menos cinematograficamente. Os motivos pelos receios são os velhos preconceitos enraizados na seguinte frase: "como vou explicar para os meus filhos?". O que não faz sentido. A conversa evoluiu um pouco com os anos. Novos beijos entre homens e entre mulheres acontecem de forma mais frequente. Benzadeus.

Ainda há um caminho longo pela frente. A falta de beijos entre personagens que representam outras letras que não o G e o L ainda é uma luta. Há muito a ser feito. Do que já foi exibido, conheça ou relembre quem pavimentou o caminho para levar a discussão para um Brasil que parece nunca estar preparado para discutir o tema.

A CALÚNIA (1963)

A ATRIZ VIDA ALVES foi precursora. Ao lado do ator Walter Foster, protagonizou o primeiro beijo transmitido na TV, em 1951, em **Sua vida me pertence**. Em 1963, quebraria outro tabu, desta vez ao lado de Geórgia Gomide. Na peça de teleteatro, formato comum na época, **A calúnia**, elas viviam duas diretoras de colégio que fecharam as portas do local após uma aluna espalhar o boato de que eram amantes. Foi ali que o boato virou realidade e elas perceberam que realmente se amavam. O beijo entre as duas aconteceu no final e foi exibido na TV Tupi.

A PRÓXIMA VÍTIMA (1995)

ANDRÉ GONÇALVES VIVIA Sandrinho. Lui Mendes, Jefferson. Era uma das primeiras vezes que um casal gay não estereotipado aparecia em uma novela. É importante já adiantar que não houve beijo! Mas o tema ganhou destaque na época principalmente pela cena em que Sandrinho conversa com a mãe Ana, Susana Vieira, em um momento de saída de armário. O casal representava não apenas um casal de dois homens, mas um casal inter-racial. A sociedade não estava preparada. André Gonçalves chegou a relatar que apanhou na rua por conta de seu personagem.

TORRE DE BABEL (1997)

OS AUTORES TENTAVAM. Inseriam casais LGBTQIAP+ de forma sutil e testavam a recepção do público, já que novela é um produto vivo, aberto a mudanças no roteiro e na história das personagens, tudo dependendo de audiência, das respostas do telespectador. Se um ator convidado para uma rápida participação está rendendo, seus momentos de cena aumentam. Se o público não está gostando, a personagem morre. Silvio de Abreu foi um dos que tentou. Em 1997, o casal Leila, de Silvia Pfeifer, e Rafaela, de Christiane Torloni, era assumido desde o começo do folhetim. O público não curtiu. Na trama, acontecia uma explosão de um shopping que seria o grande mistério da novela: quem explodiu o estabelecimento? Foi o momento em que Abreu conseguiu inserir a morte das duas. Duas mulheres lésbicas queimadas vivas. Era o destino que o Brasil de então pediu. A redenção da história viria apenas dezessete anos depois. Em cena da novela **Alto astral**, de Daniel Ortiz, com revisão de texto do próprio Silvio de Abreu, as mesmas atrizes estavam novamente em uma explosão de shopping, mas o contexto era outro. Segundo o autor, a ideia era fazer uma homenagem a **Torre de Babel**, mas com um final feliz. O diálogo que trocaram quando fugiram do local era uma resposta àquele outro momento: "A gente vai sair daqui viva. Eu te prometo. Não vai acontecer nada com a gente. Dessa vez, não!".

FICA COMIGO (2001)

SE NAS NOVELAS O BEIJO demorava a acontecer, a MTV Brasil era alternativa e experimentava o suficiente para tentar um beijão na tela. O programa escolhido foi o **Fica Comigo**, apresentado por uma iniciante Fernanda Lima. No programa, um participante escolheria uma pessoa para beijar ao final, depois de três pretendentes realizarem variadas provas para testar afinidades. No dia 8 de agosto de 2001, Fernanda abria a apresentação com o texto: "Hoje o **Fica Comigo** realiza sua primeira edição gay". Existia muita expectativa: do participante, dos pretendentes, da plateia, da apresentadora, da direção do programa e, principalmente, de uma boa parcela do público que esperava para ver "tamanha transgressão" em casa. O beijo rolou e não foi selinho. Foi histórico. Abriu portas para outros programas da própria emissora, como viria a acontecer em seu sucessor **Beija Sapo**, de 2005. Lá, por mais de uma vez houve edições com participantes do mesmo sexo. Homens e mulheres.

MULHERES APAIXONADAS (2003)

PARA ENTENDER O PORQUÊ da grande expectativa do beijo entre Júnior e Zeca na novela **América**, é preciso voltar dois anos antes para o casal Clara, de Alinne Moraes, e Rafaela, de Paula Picarelli. Em 2003, essa história de beijo gay já batia na trave com frequência e as novelas começavam a incluir cada vez mais personagens LGBTQIAP+. Na trama de Manoel Carlos, a história das duas se passava em meio aos dramas de uma escola, ao som da música "Vivir sin aire", da banda Maná. Rolaram alguns ensaios, sinais de que poderia ou não acontecer um beijo. A solução veio no último capítulo: elas encenaram **Romeu e Julieta**. Na cena da morte do casal shakespeariano, um rápido selinho aconteceu e o resto é história.

QUERIDOS AMIGOS (2008)

FORAM 45 ANOS DE DIFERENÇA entre aquele primeiro beijo protagonizado por Vida Alves na novela **A calúnia** e a minissérie global em que era exibido um beijo rápido entre dois homens. Os envolvidos eram Benny, de Guilherme Weber, e Pedro Novais, de Bruno Garcia. O contexto não chegava a ser romântico: Benny era gay assumido. Editava um livro escrito por seu amigo Pedro, heterossexual. Enquanto relembravam do passado, Benny segura o rosto de Pedro e tasca um beijo nele — forçado e insosso. Para o ator Guilherme Weber, em entrevista para **O Globo**, ele mesmo não considera aquele momento como o primeiro beijo gay. "Para mim, o primeiro beijo gay da TV será quando dois homens se beijarem, de olhos fechados, com trilha sonora ao fundo." Inclusive, essa fala é um bom parâmetro para o tema. Com exceção do **Fica Comigo**, as versões de beijo contadas até aqui eram tão veladas que é necessário colocar uma lupa para conseguir qualificar se foi beijo ou não, se foi o primeiro ou se o selinho anterior já contava.

AMOR E REVOLUÇÃO (2011)

LONGE DA TRADIÇÃO da Rede Globo em novelas, o SBT puxou as rédeas do assunto para mostrar o beijo entre duas mulheres. Levando em consideração os critérios de romance e trilha sonora, a cena em que as jornalistas Marcela e Marina, vividas respectivamente por Luciana Vendramini e Giselle Tigre, se declararam e se beijaram durou 36 segundos e teve a música "Em silêncio", do Trio Irakitan, como plano de fundo. Como diria um dos comentários feitos sobre a cena no YouTube, esse sim "era um beijo mesmo, não as bitoquinhas que a Globo mostra". Em compensação, a repercussão não foi boa, o que fez com que a emissora recuasse com um beijo programado entre outros personagens. A cena gravada entre os atores Lui Mendes e Carlos Thiré não foi exibida.

AMOR À VIDA (2013)

APESAR DE A NOVELA ter começado em 2013, o esperado beijo entre Félix, personagem de Mateus Solano, e Niko, de Thiago Fragoso, aconteceria apenas no começo de 2014. Parecia final de Copa do Mundo para o meio LGBTQIAP+. Não esperávamos um placar de jogo, mas estávamos grudados na TV, na expectativa, para saber se o beijo seria cortado ou exibido — é trauma que chama, né? Thiago revelou em entrevista ao canal Viva que eles também não sabiam se a cena passaria até o momento final, mas que gravaram algumas versões para a Globo escolher: um selinho, um selinho demorado, um beijo mais quente e a versão escolhida, que eles chamaram de "Tarcísio e Glória", em referência ao casal Tarcísio Meira e Glória Menezes, mais plástica, que demonstrava a redenção do vilão Félix e de seu amado.

BABILÔNIA (2015)

EXISTE UM OUTRO termômetro conservador que geralmente apita quando se trata de questões LGBTQIAP+: a interseccionalidade, termo usado para definir quem possui mais de um marcador de diversidade. Por exemplo: uma mulher negra e lésbica. Em **Babilônia**, o caso em questão era o relacionamento entre duas mulheres na terceira idade. O Brasil careta não aceitou bem e, por pressão do público, o casal Teresa, de Fernanda Montenegro, e Estela, de Nathalia Timberg, parou de se beijar. Dois nomes extremamente fortes da teledramaturgia dando à luz um casal de mulheres. Era para ser incrível, mas logo nos primeiros capítulos os diretores mudaram a rota e a cena dos lábios se encostando só tornou a se repetir no último episódio, quando os personagens Sérgio, de Cláudio Lins, e Ivan, de Marcello Melo Jr, também se beijaram. Ponto duplo.

LIBERDADE, LIBERDADE (2016)

AS NOVELAS EXIBIDAS depois das 23 horas permitiam inovações que os diretores da Rede Globo utilizavam para experimentar os limites do público. Foi o caso da novela **Verdades secretas** que contava a história de uma modelo que fazia programas. Em **Liberdade, liberdade**, fazendo jus ao título, a quebra de barreiras aconteceu em cena com os atores heterossexuais Caio Blat e Ricardo Pereira. Dando vida, respectivamente, aos personagens André e Tolentino, os atores protagonizaram a primeira cena de sexo entre dois homens na TV brasileira. Por se tratar de uma novela que se passava no século XVIII, o figurino dos atores era de roupas de uniforme com várias camadas. Cada peça ia sendo tirada em uma cena delicada que culminava nos dois deitados nus de mãos dadas, cúmplices um do outro.

MALHAÇÃO (2018)

A SÉRIE QUE ESTREOU em 1995 na Rede Globo acompanhou milhares de nós durante a adolescência. O roteiro começou se passando em uma academia e teve inúmeras mudanças; em algumas fases, a emissora pôs o pé no acelerador para tratar de temas importantes — racismo, HIV, drogas e gravidez na adolescência; e em outras, se manteve na equação clássica do "mocinho + mocinha versus vilã". De uns anos pra cá, a história foi ganhando mais corpo com assuntos que estavam presentes nas redes sociais e no dia a dia de adolescentes, o que trouxe vitórias como um Emmy Internacional para a temporada de 2018. Foi nela que o primeiro beijo entre duas mulheres aconteceu na série. Era a temporada **Malhação: Viva a diferença** e as personagens Lica, de Manoela Aliperti, e Samantha, de Giovanna Grigio, protagonizaram a cena. No mesmo ano, mas já em **Malhação: Vidas brasileiras**, foi a vez de Santiago, de Giovanni Dopico, e Michael, de Pedro Vinícius, darem o primeiro beijo entre dois homens. Na temporada de 2019, **Malhação: Toda forma de amar**, como o próprio nome já sugere, o amor entre dois homens também esteve no enredo. Dessa vez, os personagens Guga, de Pedro Alves, e Serginho, de João Pedro Oliveira, formaram um casal.

A DONA DO PEDAÇO (2019)

TRANSFAKE É O TERMO utilizado para criticar atrizes e atores cis que encenam mulheres e homens trans. O argumento de quem defende esse tipo de atuação é que no mundo da dramaturgia todo mundo poderia fazer papéis como esses. Mas o fato é que o local ocupado por esses artistas muitas vezes impede que atrizes e atores trans consigam papéis por uma série de estigmas. Em **A dona do pedaço**, finalmente a história ganhou um novo capítulo. A atriz trans Glamour Garcia estreou no papel de Britney, uma jovem transgênero que se envolve com Abel, de Pedro Carvalho. A cena do beijo aconteceu no penúltimo capítulo da novela, com Britney vestida de noiva.

SALVE-SE QUEM PUDER (2020)

A PRODUÇÃO AUDIOVISUAL sofreu bastante com a pandemia de covid-19. Em março de 2020, emissoras como a Globo pensaram em afastar apenas seu elenco mais velho das gravações, mas com o aumento das contaminações, a opção foi congelar as gravações e optar por reprises em edições mais curtas de outras novelas já exibidas anteriormente. **Salve-se quem puder**, novela das sete, estava entre as suspensas. A volta teve inúmeras reviravoltas e marcou história trazendo mais um caso de interseccionalidade. Dessa vez, quem estava na tela era o casal Catatau, de Bernardo de Assis, e Renatinha, de Juliana Alves. Ele, um homem trans branco. Ela, uma mulher cis negra. Juntos, protagonizaram o primeiro beijo de um ator trans na TV.

Continue por aqui PARA SE APROFUNDAR MAIS NO TEMA, ASSISTA À SÉRIE DOCUMENTAL DO CANAL DE STREAMING GLOBOPLAY, ORGULHO ALÉM DA TELA, LANÇADO EM 2021.

Notícias do mundo de cá, a imprensa LGBTQIAP+

SE EU PUDESSE ESCOLHER um meio de comunicação pre-
dileto, seriam os impressos: revistas e jornais. Os periódicos que atualmente vão sumindo em *fade* como meio de
comunicação tradicional já retrataram, em seus momentos de glória, um país feito de ângulos muito diferentes.
Podendo ter frequência diária, semanal ou mensal, foca-
dos em notícias, vida das celebridades, cotidiano... Enfim, um emaranhado de formatos para públicos distintos
tendo em comum o fato de resumirem, a cada edição, o
Brasil daquele momento.

No universo LGBTQIAP+, a função do meio impresso
era disseminar uma cultura que ainda vivia nas sombras.
Surgiu como resistência, começando em jornais que cutu-

cavam a ditadura no país, lá no começo dos anos 1960. Também servia como um grito de luta, para dizer que estávamos ali, que existíamos e que tínhamos pautas e assuntos específicos.

Apesar disso, esses impressos foram guerreiros. Não tinham grandes patrocínios e se sustentavam na raça. As marcas publicitárias não queriam ter o nome atrelado ao público de "viados", "travecos" e "sapatões".

Do **Lampião da Esquina**, jornal com viés político que falava também de cultura e chegou a trazer nu frontal masculino em algumas edições, passando pela **G Magazine**, até as últimas revistas lançadas em 2007, **Júnior e Dom**, relembre ou conheça os principais veículos de imprensa especializados no universo LGBTQIAP+ (sobretudo gay).

O SNOB

LANÇADO NO INÍCIO dos anos 1960, surgiu como um jornal em papel ofício e foi se tornando uma minirrevista de pouco mais de trinta páginas. Circulava pela Cinelândia e Copacabana, no Rio de Janeiro. É tido como a primeira publicação abertamente homossexual com conteúdo brasileiro. Trazia entrevistas, fofocas, matérias sobre moda, beleza e reportagens variadas. Os textos eram assinados por pseudônimos de jornalistas, prática recorrente em periódicos do tipo. Idealizada por Agildo Guimarães, além de ser pioneiro, foi importante por fazer uso de um dialeto próprio, com gírias LGBTQIAP+, evidenciando a ideia de um veículo com uma cultura não regida pela heteronormatividade.

OUTRAS PUBLICAÇÕES

SEGUNDO O PESQUISADOR James Green, mais de trinta periódicos foram inspirados em **O Snob** e circularam pelo Brasil com um conteúdo semelhante na mesma época, no Rio de Janeiro, em São Paulo, em Belo Horizonte e em Salvador. São títulos de difícil acesso, com pouco material de arquivo. Alguns nomes do que foi feito nessa época são **Força**, **Zona Norte**, **Vagalume**, **O Mito**, **Subúrbio à Noite**, **Charme**, **Chic**, **Le Femme**, **Fatos e Fofocas**, **O Pelicano**, **O Babado**, **Gay Society**, **Darling**, **O Vic**, **Os Felinos**, entre vários outros.

1964 – –1969

GENTE GAY

JÁ PERTO DOS ANOS 1980, um começo de abertura política surgia sob o tenso período de ditadura. Foi ali que aconteceu uma das primeiras tentativas de se fazer uma publicação mais politizada e com uma circulação maior, em torno de mil exemplares. Ainda assim, na capa era preciso incluir uma advertência que dizia "apenas para circulação interna", forma de driblar a lei de imprensa. **Gente Gay** foi um jornal criado também por Agildo Guimarães e outros jornalistas que estavam com ele no **O Snob**. Aqui os pseudônimos ainda existiam, mas também havia alguns jornalistas que assinavam as matérias com seu nome real. Todas as edições traziam nu masculino, com fotos de revistas internacionais. A parte gráfica também evoluiu quando comparada ao que estava sendo feito na época. Porém, o tempo dela no mercado foi curto. A tiragem estabelecida era alta e financeiramente não tinham o retorno necessário para mantê-la, o que levou ao encerramento da publicação.

1976

"COLUNA DO MEIO"

COMO VIMOS, PARA PESSOAS LGBTQIAP+, chegar à grande mídia é um desafio. Uma das primeiras aberturas para um jornalista gay escrever sobre o universo queer foi na "Coluna do Meio", do jornal **Última Hora**. O jornalista em questão era Celso Curi. Ele começou a escrever cedo, aos dezesseis anos, e, entre idas e vindas, chegou ao **Última Hora** após fazer entrevista com o artista plástico Darcy Penteado para o **Aqui São Paulo**. Darcy falou sobre a própria homossexualidade e Curi foi chamado para escrever a respeito. Era uma forma de naturalizar para as pessoas o que era ser gay. Os leitores não gostaram e pediram o fim da coluna, mas ela só foi encerrada alguns anos depois, por decisão do próprio Curi, que chegou a ser ameaçado de morte. Para ele, sua contribuição para o tema já havia sido feita.

1976

LAMPIÃO DA ESQUINA

1978

É POSSÍVEL AFIRMAR que o **Lampião da Esquina** foi o principal veículo focado nas pautas LGBTQIAP+ a circular nacionalmente. O jornal tinha uma tiragem entre 10 mil e 20 mil exemplares mensais. Conseguiu entrar em bancas de todo o Brasil, obviamente com muita luta e enfrentando muito boicote. **Lampião** surgiu no período ferrenho da ditadura, tendo a edição piloto, de número zero, ido para as ruas em abril de 1978 — duraria 37 edições até junho de 1981.

Existiu com uma proposta política muito bem estabelecida: pretendia se posicionar como uma publicação que falasse dos direitos da comunidade LGBTQIAP+, de feminismo, de raça e que tirasse a homossexualidade do gueto. Queria ser *mainstream*. Tinha linguagem divertida e utilizava termos do pajubá, trazendo até um dicionário de termos em algumas edições. Palavras como "lésbica", "guei" (como abrasileiraram o termo inglês) e "travesti" apareciam na capa como não costumava acontecer com outros meios impressos. "Bicha", "viado", "boneca" ou "bofe" eram utilizadas em um conceito não pejorativo. Também por conta do posicionamento "fora do armário", o jornal sofreu retaliação dos militares e até dos donos de bancas, que ora escondiam os jornais, ora nem mesmo aceitavam vendê-lo. Sem patrocinadores que o financiassem e com movimentações internas da equipe, **Lampião da Esquina** fechou no terceiro ano de vida.

CHANACOMCHANA

ENQUANTO O **Lampião** ainda era distribuído, o grupo Somos, que tratava dos direitos de pessoas LGBTQIAP+, foi criado. Nesse período, algumas poucas mulheres fizeram parte do grupo. Procurando uma forma de trazer a visão de mulheres lésbicas para o jornal, essas integrantes foram convidadas para escrever no **Lampião**. Foi dessa iniciativa que o Grupo Lésbico Feminista surgiu. Era um dos primeiros grupos que falava exclusivamente sobre mulheres lésbicas no Brasil. Desses encontros, nasceu o jornal **ChanacomChana**, um periódico quase artesanal,

com tiragem baixíssima, feito em 1981. Com mudanças internas, o grupo se desfez e fundaram o Grupo de Ação Lésbica Feminista (GALF), responsável por prosseguir no ano seguinte com o **Chana**. Também foi na distribuição do jornal que aconteceu o episódio no Ferro's Bar narrado nas páginas 90-1 deste livro. Sua circulação durou até 1987.

1989

UM OUTRO OLHAR

QUANDO O GALF se tornou uma ONG sob o nome Rede de Informação Um Outro Olhar, uma nova publicação voltada para mulheres lésbicas surgiu para substituir o **ChanacomChana**. Criada em formato de fanzine/boletim em 1988, a publicação **Um Outro Olhar** tornou-se revista, sendo publicada até 2002. Focava em questões políticas, saúde das mulheres lésbicas e também falava sobre cultura pop — ao menos duas capas foram destinadas à série **Xena, a Princesa Guerreira**, que falava sobre looks e romances lésbicos meio ocultos.

SUI GENERIS

1995

VOCÊ TALVEZ TENHA ouvido falar da revista **Sui Generis** por conta da capa de 1999 que trazia Paulo Gustavo beijando seu então namorado. A imagem tomou as redes sociais após a morte do ator em 2021. Aquele era o tom da **Sui Generis**: se posicionar fora do armário, falando sobre militância, cultura e o universo LGBTQIAP+ como um todo. Em suas capas, atores globais, cantores como Ney Matogrosso e jogadores de futebol falavam sobre assuntos íntimos, independentemente de sua sexualidade. Surgiu como um periódico para circular no Rio de Janeiro. Já na primeira edição, trouxe nomes como Cássia Eller, Renato Russo, Caio Fernando Abreu e Neil Tennant, vocalista da banda Pet Shop Boys. Foi em sua sexta edição, com o ator André Gonçalves, que vivia o homossexual Sandrinho na novela **A próxima vítima**, sob a chamada "A vingança gay no horário nobre da Globo" que ela rompeu a cidade carioca e ganhou outros pontos do Brasil, tornando-se um veículo importante na discussão de vários assuntos relacionados à sexualidade. Encerrada em 2000, a publicação chegou a ter uma tiragem de 30 mil exemplares — números altos se comparados aos outros veículos que vimos até aqui.

G MAGAZINE (BANANALOCA)

QUANDO ERA ADOLESCENTE, eu sempre me perguntava por que a **G Magazine** não tinha a mesma repercussão que a **Playboy**. Afinal, eram revistas de nudez com celebridades na capa. Na época, eu ignorava as questões em torno da masculinidade, o quanto uma publicação voltada ao público gay não tinha apelo publicitário. Fato é que a **G** permaneceu bastante tempo no mercado trazendo a nudez de jogadores de futebol, cantores, ex-BBBs, modelos e atores quase sempre da "série B", ou seja: nada de atores globais e de primeiro escalão das emissoras de TV. Criada em 1997, a **G** começou a ser publicada com o nome de **Bananaloca** — o que durou por apenas cinco edições —, pela Fractal Edições. Comandada pela jornalista Ana Fadigas, dona da Fractal, além da nudez explícita, a revista também trazia reportagens sobre o universo gay. Segundo Fadigas,

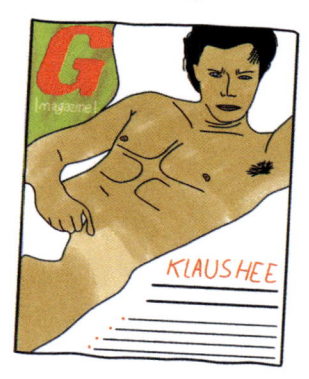

em entrevista para a jornalista Flávia Péret no livro **Imprensa gay no Brasil**, a revista ficou em suas mãos até 2008, quando foi vendida para um grupo americano e foi deixando de lado as reportagens para incluir cada vez mais fotos. Nesse formato, foi editada até 2013.

JUNIOR

SE O MERCADO GAY já possuía uma revista com nudez frontal, uma lacuna mais discreta, que se assemelhava a outras revistas masculinas voltadas ao público heterossexual, como **VIP** e **GQ**, estava pronta para ser preenchida. Trazendo ensaios sensuais com modelos usando cuecas de grifes e matérias mais focadas em comportamento e menos em ativismo, a **Junior** falava com homens gays de certo poder aquisitivo, frequentadores de baladas e academias. Segundo o editor André Fischer, no editorial de lançamento, a **Junior** era "assumida sem ser militante, sensual sem ser erótica, cheia de homens lindos, com informação para pensar e entreter". Lançada em 2007, tinha uma tiragem de cerca de 30 mil exemplares mensais e circulou até 2015.

DOM — DE OUTRO MODO

COM VIDA CURTA, a **Dom** foi criada quase junto com a **Junior**, tentando alcançar um público bem parecido. A proposta também era trazer modelos e ensaios sensuais mesclados a outras pautas de militância mais suave. Segundo Jorge Tarquini, diretor de redação, a revista também pretendia atingir uma parcela do público "hétero-friendly". Não queriam ser uma revista de nicho. Com tiragem bimestral, a revista chegou a ser vendida para a Fractal Edições, editora da **G Magazine**, e saiu de circulação em 2009.

LADO B: MOMENTOS-CHAVE EM OUTRAS PUBLICAÇÕES

ALÉM DAS PUBLICAÇÕES especializadas para o público LGBTQIAP+, algumas capas de revistas do *mainstream* foram históricas por trazerem a pauta para o grande público — infelizmente nem sempre pelos motivos certos e, por vezes, com alguns deslizes ou erros grotescos. Aqui você confere algumas revistas que marcaram importantes momentos da abertura sobre o tema:

PLAYBOY (ROBERTA CLOSE)

ROBERTA CLOSE ERA UM fenômeno que as pessoas queriam entender e, sobretudo, sobre o qual queriam opinar. Como modelo, posou para a **Playboy** em 1984, tendo sido anunciada sob a chamada "Por que Roberta Close confunde tanta gente". Com a repercussão, ela retornou poucos meses depois para uma edição especial da revista, após ter realizado sua cirurgia de transgenitalização. É importante citar aqui que o Brasil é o país que mais consome pornografia com pessoas trans no mundo, segundo dados publicados pelos sites PornHub, RedTube e Xvideos. Também é o país que mais mata pessoas trans no mundo, de acordo com a Associação Nacional de Travestis e Transexuais do Brasil (Antra). Roberta Close na capa da **Playboy** era o resumo desse Brasil de 1980, numa era pré-internet, que queria con-

sumir esse tipo de conteúdo sem dar qualquer visibilidade para pessoas trans fora do contexto sexual.

VEJA (CAZUZA)

1989

UMA DAS CAPAS MAIS absurdas feitas pela **Veja** trazia Cazuza sob a chamada "Uma vítima da aids agoniza em praça pública". O cantor já mostrava sinais da doença em sua aparência física. Na época, o tratamento ainda era inicial e viria a se aprimorar só anos depois. A reportagem chegava perto do sensacionalismo, terminando o texto da seguinte maneira: "Definha um pouco a cada dia rumo ao fim inexorável". Em depoimento para o documentário **Cartas para além dos muros**, a mãe do cantor, Lucinha Araújo, revelou que Cazuza passou mal ao ler a matéria e que seu pai queria ir atrás de quem escreveu o texto com um revólver nas mãos.

VEJA (ANA CAROLINA)

2005

"SOU BI. E DAÍ?" Com a chamada escrita em azul e letras garrafais, para ser vista de longe na banca, a capa da **Veja** com a cantora Ana Carolina é inesquecível. Foi a primeira vez que Ana Carolina falava abertamente sobre sua sexualidade em um grande veículo. Abaixo da chamada, o texto que a acompanhava trazia um discurso duvidoso, um pouco do que crescemos ouvindo sobre não precisar levantar bandeiras: "A cantora que vendeu 800 000 discos em 2005 é ícone de uma geração que não liga para os rótulos sexuais nem faz disso uma bandeira política".

TRIP (SURFISTAS)

A REVISTA **Trip** É conhecida por ter sido vanguarda em vários temas. Andava sempre na contramaré de outras publicações, colocando dedos na ferida e pautando temas relevantes sobre a sociedade. Em uma edição sobre diversidade sexual, entrevistaram o criador do Teatro Oficina, Zé Celso, questionaram as definições de sexualidade e trouxeram dois surfistas dando um beijo na capa. Na época, falavam sobre o fato de atletas conseguirem se assumir no universo virtual, mas ainda viverem dentro do armário no esporte.

NOVA ESCOLA (ROMEO)

TRANSEXUALIDADE E INFÂNCIA são temas espinhosos para a grande mídia. Falar sobre pais que aceitam os filhos e apoiam a transição de gênero desde cedo envolve uma série de tabus. Focada no mercado educacional, a revista **Nova Escola** era ideal para tratar do tema. Na capa, uma criança chamada Romeo usava um vestido de princesa. Acima vinha a chamada: "Vamos falar sobre ele?". Romeo é britânico, condição estabelecida pelo departamento jurídico da editora —

não queriam estampar uma criança brasileira —, e a foto havia sido encontrada em um banco de imagens, segundo o jornalista Well Soares. A capa teve alta repercussão, positiva e negativa. Gerou até comentários grotescos vindos do então deputado Jair Bolsonaro.

2020

MARIE CLAIRE (LUDMILLA)

COM AS REVISTAS SE adaptando às pautas mais progressistas, em 2020, a revista feminina **Marie Claire** trouxe na capa a cantora Ludmilla lambendo o lábio inferior de sua esposa Brunna Gonçalves. O clique escolhido marcava um momento importante: a capa com aquela versão foi para as bancas, o que trazia mais visibilidade, enquanto assinantes recebiam uma versão mais comportada, apenas com Lud sob um fundo azul.

2020

VOGUE BRASIL (GLORIA E PABLLO)

NÃO ERA A PRIMEIRA vez que a **Vogue Brasil** colocava uma drag queen em uma capa — Uyra Sodoma havia estampado a edição sobre a Amazônia um mês antes. Porém, a repercussão de drag queens na publicação aconteceu mesmo em outubro de 2020, quando chegou às bancas uma edição com a temática "diversidade". As quatro capas — duas para a edição física e duas para a digital — ganharam as redes sociais ao exibir Pabllo Vittar, Gloria Groove, Halessia e Bianca Della-Fancy em closes de rosto. O editorial era intitulado "Eleganza extravaganza" e o destaque para as queens foi importante pela representatividade, já que a revista chegou ao Brasil em 1975 e, mesmo que as drags sempre flertassem diretamente com a moda, esse espaço ainda não havia sido alcançado no Brasil.

Continue por aqui

SE QUISER SE APROFUNDAR NO TEMA, LEIA O IMPRENSA GAY NO BRASIL, LIVRO DE FLÁVIA PÉRET QUE NARRA UM POUCO DESSAS HISTÓRIAS E TRAZ ENTREVISTAS COM PESSOAS QUE AS VIVERAM.

De que direitos estamos falando?

LGBTFÓBICOS ARGUMENTAM constantemente que pessoas LGBTQIAP+ querem mais direitos que os heterossexuais. São frases que moram ao lado de outras como: "Tudo bem se beijarem, desde que não seja na minha frente"; "Como vou explicar para os meus filhos duas mulheres se beijando?"; e "Eu respeito, mas não aceito". É uma tentativa contínua de diminuir a luta e apartar pessoas LGBTQIAP+ da sociedade. Deixá-las na escuridão. Mas são argumentos fáceis de caírem por terra, que não se sustentam quando se entende a história da comunidade LGBTQIAP+ brasileira.

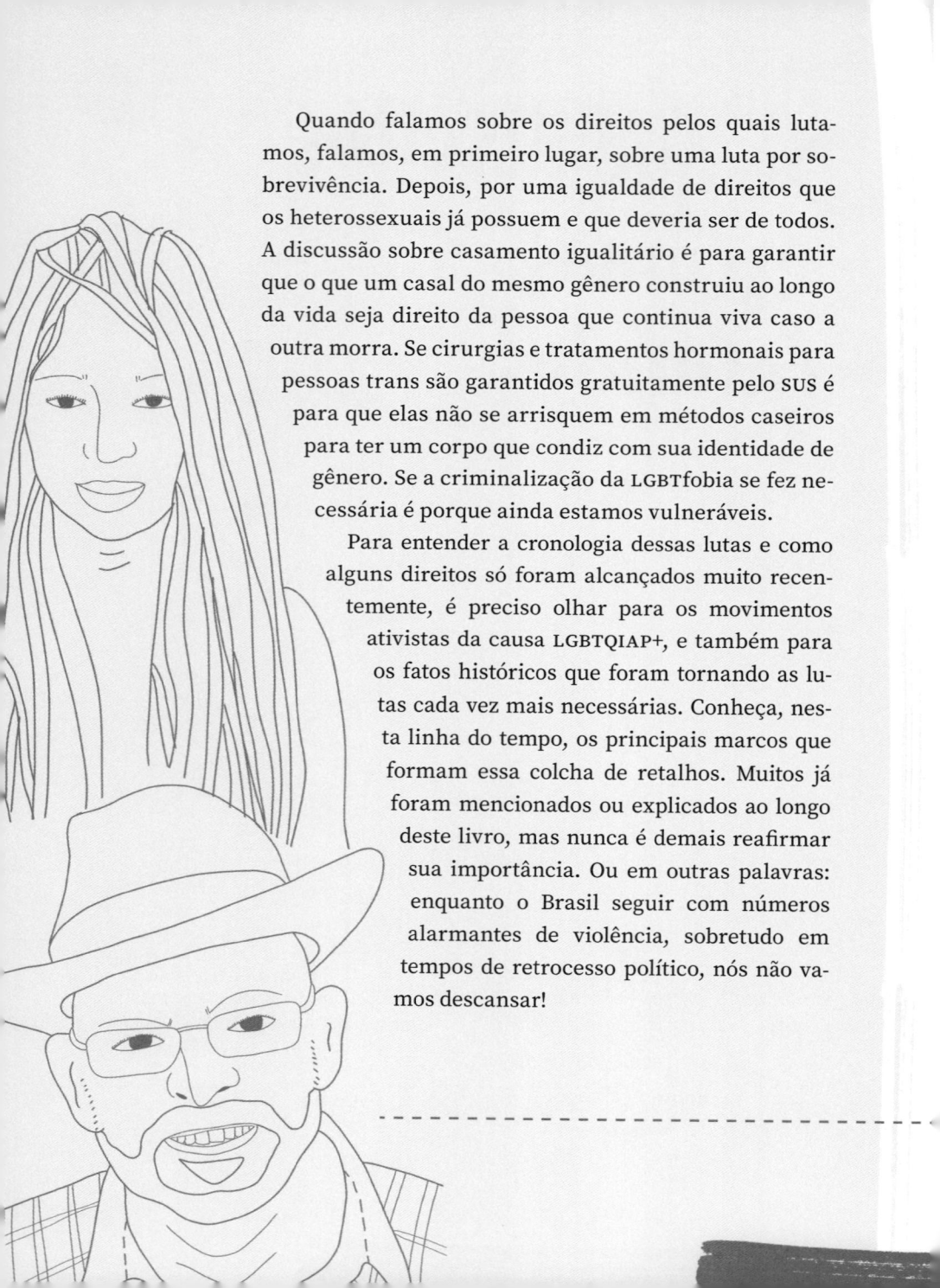

Quando falamos sobre os direitos pelos quais lutamos, falamos, em primeiro lugar, sobre uma luta por sobrevivência. Depois, por uma igualdade de direitos que os heterossexuais já possuem e que deveria ser de todos. A discussão sobre casamento igualitário é para garantir que o que um casal do mesmo gênero construiu ao longo da vida seja direito da pessoa que continua viva caso a outra morra. Se cirurgias e tratamentos hormonais para pessoas trans são garantidos gratuitamente pelo SUS é para que elas não se arrisquem em métodos caseiros para ter um corpo que condiz com sua identidade de gênero. Se a criminalização da LGBTfobia se fez necessária é porque ainda estamos vulneráveis.

Para entender a cronologia dessas lutas e como alguns direitos só foram alcançados muito recentemente, é preciso olhar para os movimentos ativistas da causa LGBTQIAP+, e também para os fatos históricos que foram tornando as lutas cada vez mais necessárias. Conheça, nesta linha do tempo, os principais marcos que formam essa colcha de retalhos. Muitos já foram mencionados ou explicados ao longo deste livro, mas nunca é demais reafirmar sua importância. Ou em outras palavras: enquanto o Brasil seguir com números alarmantes de violência, sobretudo em tempos de retrocesso político, nós não vamos descansar!

PRIMEIRA CIRURGIA DE TRANSGENITALIZAÇÃO

ACONTECEU EM ITAJAÍ, SANTA CATARINA. O JOVEM HOMEM TRANS INTERSEXO MÁRIO DA SILVA REALIZOU A CIRURGIA NAS MÃOS DO DR. JOSÉ ELIOMAR.

PRIMEIRA CIRURGIA DE TRANSGENITALIZAÇÃO DE UMA MULHER TRANS

REALIZADA EM SÃO PAULO, PELAS MÃOS DO CIRURGIÃO PLÁSTICO ROBERTO FARINA, A CIRURGIA DE WALDIRENE NOGUEIRA ACONTECEU COMO O PREVISTO E ACORDADO PELOS DOIS. EM 1976, O MÉDICO SERIA DENUNCIADO PELO MINISTÉRIO PÚBLICO DE SÃO PAULO POR "LESÃO CORPORAL GRAVÍSSIMA".

1959

1971

1962

1978

NASCE A TURMA OK

O PRIMEIRO GRUPO QUE DISCUTIA PAUTAS LGBTQIAP+ DE QUE SE TEM REGISTRO FOI CRIADO NO RIO DE JANEIRO. SOB DIREÇÃO DE AGILDO BEZERRA GUIMARÃES, ELES SE ENCONTRAVAM AO MENOS UMA VEZ POR SEMANA. DOS ENCONTROS SAIU O PERIÓDICO OKEIZINHO, QUE LEVAVA AS DISCUSSÕES DESSAS CONVERSAS PARA MAIS PESSOAS.

É FUNDADO O GRUPO SOMOS

A PARTIR DO LANÇAMENTO DO JORNAL LAMPIÃO DA ESQUINA, O GRUPO FOI CRIADO PARA DEBATER AS QUESTÕES E DIREITOS DAS PESSOAS LGBTQIAP+. COM NOME INSPIRADO EM UMA PUBLICAÇÃO DO MOVIMENTO HOMOSSEXUAL DA ARGENTINA, NO BRASIL, O GRUPO SE INTITULOU SOMOS: GRUPO DE AFIRMAÇÃO HOMOSSEXUAL.

GRUPO GAY DA BAHIA (GGB)

AINDA EM ATIVIDADE, O GGB FOI FUNDADO PELO PESQUISADOR LUIZ MOTT. É O GRUPO QUE FAZ OS RELATÓRIOS ANUAIS QUE MAPEIAM OS CASOS DE VIOLÊNCIA CONTRA PESSOAS LGBTQIAP+ NO BRASIL.

É CRIADO O GRUPO DE APOIO À PREVENÇÃO À AIDS (GAPA)

PRIMEIRA ONG DA AMÉRICA LATINA A SE DEDICAR AO COMBATE AO HIV. FOI A PARTIR DA PRESSÃO DO MOVIMENTO QUE O PROGRAMA FEDERAL DE CONTROLE DA DOENÇA FOI CRIADO.

1980

1985

1982

1985

O PRIMEIRO CASO DE HIV NO BRASIL

DIAGNOSTICADO EM SÃO PAULO, O PRIMEIRO CASO TROUXE DISCUSSÕES NO CONSELHO MÉDICO SOBRE CONSIDERAR OU NÃO A DOENÇA UM PROBLEMA DE SAÚDE PÚBLICA. POR CONTA DISSO, O MINISTÉRIO DA SAÚDE NÃO CHEGOU A LIDAR DE FORMA A PREVENIR A DOENÇA NO PAÍS, MESMO COM NÚMEROS CRESCENTES TANTO AQUI QUANTO EM OUTROS PAÍSES.

HOMOSSEXUALIDADE DEIXA DE SER CONSIDERADA DOENÇA NO BRASIL

FINALMENTE O CONSELHO FEDERAL DE MEDICINA (CFM) ENTENDE QUE A HOMOSSEXUALIDADE NÃO É UM CASO PSIQUIÁTRICO E QUE NÃO É UMA DOENÇA QUE PRECISA DE CURA.

OPERAÇÃO TARÂNTULA E A CAÇA ÀS TRAVESTIS

CERCA DE TREZENTAS TRAVESTIS E MULHERES TRANS FORAM PERSEGUIDAS OU PRESAS POR CONTA DE UMA OPERAÇÃO FEITA PELA POLÍCIA NO CENTRO DE SÃO PAULO. SEGUNDO UMA CHAMADA PARA A NOTÍCIA NO JORNAL FOLHA DE S.PAULO — "POLÍCIA CIVIL 'COMBATE' A AIDS PRENDENDO TRAVESTIS" —, O MOTIVO PRINCIPAL ERA COMBATER A DISSEMINAÇÃO DO VÍRUS HIV. A OPERAÇÃO DUROU UM CURTO PERÍODO, MAS FOI O SUFICIENTE PARA QUE LEVASSE A VIDA DE VÁRIAS PESSOAS.

1987

1990

ORGANIZAÇÃO MUNDIAL DA SAÚDE (OMS) RETIRA HOMOSSEXUALIDADE DO CID

EXISTE UMA PEQUENA CONFUSÃO COM AS DUAS DATAS: EM 1985, O BRASIL RECONHECEU O FATO DE A HOMOSSEXUALIDADE NÃO SER UMA DOENÇA, MAS DE FORMA MAIS GLOBAL, PARA A OMS E A CLASSIFICAÇÃO INTERNACIONAL DE DOENÇAS (CID), A MUDANÇA OFICIAL SÓ VIRIA A ACONTECER CINCO ANOS DEPOIS.

1992

É ELEITA A PRIMEIRA VEREADORA TRAVESTI

PARA LUTAR PELOS DIREITOS LGBTQIAP+ NA POLÍTICA, KÁTIA TAPETY CONCORREU AO CARGO DE VEREADORA PELO MUNICÍPIO PIAUIENSE COLÔNIA DO PIAUÍ. ELEITA EM 1992 E REPETINDO O MANDATO CONSECUTIVAMENTE EM 1996 E 2000, ELA ABRIU PORTAS PARA MUITAS OUTRAS QUE VIERAM DEPOIS.

É CRIADA A ASSOCIAÇÃO BRASILEIRA DE GAYS, LÉSBICAS E TRAVESTIS (ABGLT)

AGRUPANDO 31 GRUPOS FUNDADORES, A ORGANIZAÇÃO NASCEU EM UM CONGRESSO REALIZADO EM CURITIBA. A IDEIA ERA TER UM MOVIMENTO QUE LEVASSE AS REIVINDICAÇÕES DA COMUNIDADE DE FORMA ESTRUTURADA PARA O GOVERNO FEDERAL.

CIRURGIAS DE TRANSGENITALIZAÇÃO COMEÇAM A SER REALIZADAS DE FORMA GRATUITA

EM CARÁTER EXPERIMENTAL, O CONSELHO FEDERAL DE MEDICINA (CFM) AUTORIZOU HOSPITAIS UNIVERSITÁRIOS OU PÚBLICOS A FAZEREM A CIRURGIA DE TRANSGENITALIZAÇÃO EM PESSOAS MAIORES DE 21 ANOS. NA ÉPOCA, A TRANSEXUALIDADE AINDA ERA CONSIDERADA UMA DOENÇA E FOI ESSE O ARGUMENTO UTILIZADO.

1995

1997

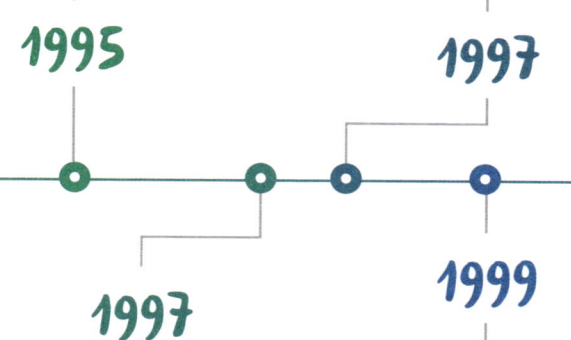

1997

1999

PRIMEIRA PARADA DO ORGULHO LGBT EM SÃO PAULO

CONSIDERADA UMA DAS MAIORES DO MUNDO ATUALMENTE, A PARADA DO ORGULHO LGBT LEVOU EM SUA PRIMEIRA EDIÇÃO OFICIAL CERCA DE 2 MIL PESSOAS PARA AS RUAS. EM 2011, O EVENTO ALCANÇARIA 4 MILHÕES DE PESSOAS NA AVENIDA PAULISTA, EM SÃO PAULO, SEGUNDO A ORGANIZAÇÃO DO EVENTO.

BRASIL PROÍBE TERAPIAS DE CONVERSÃO POR PSICÓLOGOS

DAS CONTRADIÇÕES DO NOSSO BRASIL: APESAR DE TODAS AS QUESTÕES QUE ENVOLVEM OS PRECONCEITOS E AS QUESTÕES LEGAIS EM TORNO DAS LGBTQIAP+, FOMOS OS PRIMEIROS A PROIBIR TERAPIAS DE CONVERSÃO, TERMO QUE ERRONEAMENTE FICOU CONHECIDO COMO "CURA GAY". SEGUNDO O CONSELHO FEDERAL DE PSICOLOGIA (CFP), O PAPEL DA ÁREA DA SAÚDE NESSE CASO É "CONTRIBUIR COM SEU CONHECIMENTO PARA O ESCLARECIMENTO SOBRE AS QUESTÕES DA SEXUALIDADE, PERMITINDO A SUPERAÇÃO DE PRECONCEITOS E DISCRIMINAÇÕES".

CIRURGIA DE TRANSGENITALIZAÇÃO OFICIALMENTE PELO SUS

ONZE ANOS DEPOIS DA FASE EXPERIMENTAL, A CIRURGIA COMEÇOU A SER EXECUTADA DE FORMA MAIS ABRANGENTE PELO SUS, A PARTIR DE DECISÃO TOMADA PELO MINISTÉRIO DA SAÚDE. NESSA OCASIÃO, APENAS A NEOCOLPOVULVOPLASTIA (REDESIGNAÇÃO DA GENITÁLIA MASCULINA PARA A FEMININA) HAVIA SIDO APROVADA. A NEOFALOPLASTIA (DA GENITÁLIA FEMININA PARA A MASCULINA) SÓ VIRIA A SER PERMITIDA PELO SUS EM 2010.

NOME SOCIAL PASSA A SER INCLUÍDO NO SUS

FOI APROVADO QUE O NOME SOCIAL DE PESSOAS TRANS E TRAVESTIS PUDESSE SER INCLUÍDO NO CARTÃO DO SUS, EVITANDO O CONSTRANGIMENTO DE UM ATENDIMENTO COM UM NOME QUE NÃO CONDIZIA COM A IDENTIDADE DE GÊNERO DA PESSOA.

2008

2009

2008

2011

ACONTECE A PRIMEIRA CONFERÊNCIA NACIONAL LGBT

OS TEMAS DISCUTIDOS NA OCASIÃO ERAM A UNIÃO CIVIL DE PESSOAS DO MESMO SEXO, CONTEMPLADA EM PROJETO DA DEPUTADA MARTA SUPLICY, E A CRIMINALIZAÇÃO DA HOMOFOBIA — AQUI É POSSÍVEL NOTAR O TEMPO QUE SE LEVA PARA ALGUMA MUDANÇA DE FATO ACONTECER. FOI TAMBÉM NA MESMA CONFERÊNCIA QUE O BRASIL SUBSTITUIU O TERMO GLBT POR LGBT, COMO JÁ VINHA OCORRENDO EM OUTROS PAÍSES A PARTIR DA DEMANDA DE VISIBILIDADE LÉSBICA.

UNIÃO ESTÁVEL HOMOAFETIVA É PERMITIDA

O PRIMEIRO PAÍS A ACEITAR A APROVAÇÃO DA UNIÃO ESTÁVEL HOMOAFETIVA FOI A DINAMARCA, EM 1989. NO BRASIL, ISSO SÓ OCORREU EM 2011, POR DECISÃO DO SUPREMO TRIBUNAL FEDERAL (STF).

É APROVADO O CASAMENTO CIVIL IGUALITÁRIO

POR DECISÃO JUDICIAL DO STF, TORNOU-SE OBRIGATÓRIA PARA TODOS OS CARTÓRIOS DO BRASIL A REALIZAÇÃO DO CASAMENTO CIVIL PARA PESSOAS DO MESMO SEXO. APESAR DISSO, NÃO SE TORNOU LEI APROVADA PELO LEGISLATIVO, MAS UMA JURISPRUDÊNCIA, OU SEJA, A RESOLUÇÃO PODE SER REVOGADA CASO O CONGRESSO APROVE UMA LEI PROIBINDO O CASAMENTO. NÃO SERIA ALGO SIMPLES, POIS O STF PODERIA DERRUBAR ESSA LEI. MAS, CASO ISSO ACONTECESSE, NÃO HAVERIA MUDANÇA PARA QUEM JÁ SE CASOU, MAS NOVOS CASAMENTOS NÃO SERIAM MAIS PERMITIDOS. POR CONTA DISSO, APÓS DECLARAÇÕES DE CUNHO HOMOFÓBICO E COM A VITÓRIA DE JAIR BOLSONARO NAS ELEIÇÕES DE 2018, OS CASAMENTOS HOMOAFETIVOS CRESCERAM 62% NAQUELE ANO. SE DE JANEIRO A OUTUBRO FORAM REALIZADOS 546 CERIMÔNIAS, EM NOVEMBRO E DEZEMBRO ESSE NÚMERO FOI DE 3098.

2013

2015

2018

ADOÇÃO DE CRIANÇAS DE TODAS AS IDADES

CÁRMEN LÚCIA, MINISTRA DO STF, RECONHECEU A ADOÇÃO DE CRIANÇAS POR PAIS LGBTQIAP+. A DECISÃO FOI TOMADA COM BASE NO ESTATUTO DA CRIANÇA E DO ADOLESCENTE QUE NÃO DETERMINA A ORIENTAÇÃO SEXUAL DOS PAIS.

STF APROVA ALTERAÇÃO DE NOME E GÊNERO

NEM TODA PESSOA TRANS OU TRAVESTI SENTE A NECESSIDADE DE PASSAR POR UMA CIRURGIA DE TRANSGENITALIZAÇÃO. O STF ENTENDEU ISSO APENAS EM 2018, QUANDO FOI DECIDIDO QUE O REGISTRO CIVIL PODERIA SER ALTERADO COM O NOME E GÊNERO COM OS QUAIS A PESSOA SE IDENTIFICA.

CRIMINALIZAÇÃO DA LGBTFOBIA

COLOCADA JUNTO À LEI DE COMBATE AO RACISMO — OU SEJA, INAFIANÇÁVEL —, A HOMOFOBIA E A TRANSFOBIA PASSAM A SER CRIME NO BRASIL. APESAR DISSO, SÃO CRIMES MUITAS VEZES DESLEGITIMADOS NAS DELEGACIAS, E OS AGRESSORES RARAMENTE SÃO PUNIDOS.

LGBTQIAP+ (SÓ) AGORA PODEM DOAR SANGUE

EXISTIA UMA RESTRIÇÃO DA ANVISA QUE NÃO PERMITIA A DOAÇÃO DE SANGUE POR HOMENS QUE TIVERAM RELAÇÃO SEXUAL COM OUTRO HOMEM NOS DOZE MESES ANTERIORES — RELAÇÕES FEITAS COM PRESERVATIVO OU NÃO, E MESMO COM EXAMES NEGATIVOS PARA QUAISQUER INFECÇÕES SEXUALMENTE TRANSMISSÍVEIS (ISTS). COM O BAIXO ESTOQUE DE SANGUE NOS HEMOCENTROS POR CONTA DA PANDEMIA DE COVID-19, O STF RETIROU A RESTRIÇÃO. SÉRIO! AINDA EXISTE ALGUMA DÚVIDA DE QUE NOSSAS LUTAS SÃO PELOS DIREITOS MAIS BÁSICOS?

2019

2020

2019

2020

OMS RETIRA TRANSEXUALIDADE DA LISTA DE DISTÚRBIOS PSIQUIÁTRICOS

LEMBRA QUE A HOMOSSEXUALIDADE DEIXOU DE SER CONSIDERADA UMA DOENÇA PELA OMS EM 1990? A TRANSEXUALIDADE SÓ TEVE O MESMO TRATAMENTO EM 2019. DEIXOU DE SER CONSIDERADA DOENÇA, PORÉM CONTINUOU NA CATEGORIA DE PATOLOGIAS, COMO UMA "CONDIÇÃO RELACIONADA À SAÚDE SEXUAL".

MAIOR NÚMERO DE LGBTQIAP+ EM CARGOS POLÍTICOS

NOVENTA PESSOAS LGBTQIAP+ FORAM ELEITAS EM DEZESSETE ESTADOS E 72 CIDADES, UM RECORDE HISTÓRICO! SÓ PESSOAS TRANS E TRAVESTIS FORAM TRINTA, 275% A MAIS DO QUE NA ELEIÇÃO DE 2016. UM SUSPIRO DE OTIMISMO EM UM PERÍODO POLÍTICO CONTURBADO E UM ANO TÃO IMPOSSÍVEL QUANTO 2020.

Decifra-me ou desaquende-se

QUANDO A LINGUAGEM É FALHA, é necessário que outras formas de comunicação se sobressaiam à língua majoritariamente falada em um local. Quando se é vulnerável ou colocado em uma posição marginalizada, qualquer movimento ou fala podem ser interpretados de uma maneira que custe a própria vida.

O algoz eram os outros — a polícia, os militares. As vítimas, mais uma vez, as travestis lutando por sobrevivência. A história ganha força durante o período da ditadura no Brasil e se arrasta pelos anos seguintes. Travestis eram caçadas nas ruas, nos únicos postos de trabalho que a sociedade permitia que tivessem. Precisavam se ajudar, criar um escudo a partir do grito para que fugissem caso algum policial estivesse chegando. *"Mona, aquenga os ojun. Tem alibam nagiria!"* — "Mulher, fica de olho, tem policial por perto!".

Mais do que gírias, o dialeto criado pelas travestis tem origem, ascendência histórica e serve como linguagem de resistência. Chama-se pajubá, ou bajubá. É uma forma de antilinguagem com raízes do nagô e iorubá, grupos- -étnico-linguísticos da África Ocidental. Também tem uma forma única de se falar, com entonações, gestos e movimentos corporais específicos.

Apesar de ter ganhado corpo na ditadura, entre 1960 e 1970, o registro em papel dessa linguagem tão rica só aconteceria em 1995 pelas mãos de Jovana Baby, da Associação de Travestis e Liberados (Astral), no dicionário/livro **Diálogo de bonecas**. Também ganhou nova roupagem em 2006, pelas mãos de Angelo Vip e Fred Libi, dessa vez em **Aurélia, a dicionária da língua afiada** (São Paulo: Editora do Bispo, 2006).

Com o tempo, não seria de uso exclusivo das travestis, com a apropriação principalmente por homens gays. Em 2018, virou questão do Exame Nacional do Ensino Médio (Enem) e gerou polêmica. Mais uma vez, tratava-se do argumento infundado de que havia doutrinação da "ideologia de gênero" nas escolas. Era pedido que os estudantes lessem a questão intitulada "'Acuenda o pajubá': conheça o 'dialeto secreto' utilizado por gays e travestis". Não havia doutrina, era uma pergunta sobre português e linguagem.

Para criar o dicionário que acompanha as páginas deste livro, foi utilizado como base o próprio **Diálogo de bonecas**, agora em nova edição chamado **Bajubá odara**. Divirta-se!

A

ABATÁ sapato

ACUÉ dinheiro

AFOFI cheiro ruim

AFOFÓ fofoqueiro

ALIBAM policial

ALIBAM NAGIRIA policial por perto

AMAPÔ mulher

AMAPOR vagina

APETI MATIM peito pequeno

APETI ODARA peito grande

AQUENDAR esconder o pênis; pegar, roubar; prestar atenção

AQUENDAR O AQUÉ ganhar dinheiro

ARACÁ rosto

ATIM cheiro

AZUELAR PEMBA cheirar cocaína

B

BABADO novidade, segredo, fofoca

BAJUBÁ voz, fala

BATER BOLO masturbação masculina

BOFE rapaz/ homem

BOMBOM antirretrovirais

BONECA travesti

C

CACURA bicha mais velha, acima dos quarenta anos

CHEQUE papel higiênico sujo

CHUCA limpeza intestinal feita por introdução de água no ânus

D

DESAQUENDAR parar, jogar, perder

E

EBÓ coisa ruim, feitiço

ED bunda/ ânus

ELZA roubar (ex.: dar a Elza)

EQUÊ mentira

ERÊ menino

EREIA menina

F

FAZER A LINHA fingir algo que não é

FITA esperma

I

ILÊ casa

INDACA boca

IRENE velho, velha (pronuncia-se Ireeeeeene)

L

LARUÊ fofoca, bagunça
LINHA UÓ ser ruim
LOROGUN briga

M

MARICONA bicha velha
MATIM pouco, pequeno
METÁMETÁ homem meio bicha
MOLHADO ativo e passivo
MONA mulher

N

NAGIRIA chegando
NECA pênis

O

OCÓ homem
ODARA grande
OJUN olho
OTIM bebida

P

PADÊ cocaína
PASSAR O CHEQUE sujar o pênis do parceiro durante o sexo anal
PICUMÃ cabelo, peruca

R

RAMÉ malvestida

T

TABA maconha
TIA HIV

U

UÓ feio, ruim

V

VOVÓ CATARINA pessoa velha/ intrometida

X

XEPÓ cafona

De volta para o futuro: a constante (r)evolução da arte drag

VOCÊ JÁ DEVE TER OUVIDO falar do reality show norte--americano **RuPaul's Drag Race**. A competição existe desde 2009 e elege a drag queen que mais tem *charisma, unique-ness, nerve and talent* (carisma, autenticidade, ousadia e talento), para citar um dos famosos bordões do reality.

RuPaul ficou conhecida nos anos 1990 e criou o programa que levou a cultura drag para o *mainstream*. Mas seria injusto dar todo o mérito do recente boom da cultura drag para RuPaul. Sobretudo quando se trata da cultura drag brasileira. Antes mesmo de o programa ir ao ar, já possuíamos grandes artistas brasileiras que pintavam o rosto, saíam às ruas e subiam em um palco para performar.

Mas é importante darmos um salto ainda maior rumo ao passado. Passado, passado *mesmo*. Grécia antiga, 400 a.C. Nas performances públicas, apenas atores homens podiam se apresentar, e para isso eles se vestiam de mulher. Essa é a base do que se entende por drag até hoje. Uma arte que questiona gênero e brinca com a ilusão, quase sempre de forma exagerada.

Esse costume machista continuou por bastante tempo. No teatro de Shakespeare, no século XVII, papéis importantes só podiam ser interpretados por homens, que, claro, precisavam se vestir como mulheres.

A orientação sexual dos atores não era levada em consideração, e, pelo que se tem registrado, não era uma questão. A arte drag não está relacionada a gênero. Homens e mulheres, cis ou trans podem (e deveriam ao menos uma vez na vida) se montar. Vale hétero, vale gay, vale lésbica, vale de tudo. Olhando para essa história com foco no Ocidente, foi apenas com a chegada das mulheres aos teatros europeus, começando pela França no século XVI, que a figura da drag queen no palco começou a ser difundida como conhecemos hoje. Já que homens se vestindo de mulheres se tornara algo proposital e não mais um artifício que precisava ser utilizado.

No teatro inglês, também nesse período histórico do século XVI, tais personagens se pautavam no exagero do que se entendia pelos estereótipos de feminilidade. Isso era utilizado com humor. Também é nessa época que surge o termo *drag*, que em tradução literal significa "arrastar". Ele foi utilizado para explicar os vestidos dos atores sendo arrastados no chão no teatro.

Como dito, drag é uma arte que saiu do teatro e transbordou para o cinema. Em 1933, o filme alemão **Viktor e Viktoria** trouxe para as telonas a história de uma cantora que se montava com vestes masculinas para conseguir se apresentar. Mas o grande estouro da temática aconteceria mesmo com o icônico **Priscilla, a rainha do deserto**, um clássico da nossa **Sessão da Tarde**. O road movie conta a história de três amigos que viajavam pelo deserto australiano fazendo shows e dirigindo um ônibus chamado Priscilla.

Falando nisso, e nosso país? Onde entra nessa história? Se, além de arte, drag também é resistência, como brasileiros sabemos bem o poder dessa palavra e lutamos com garra para a cultura drag resistir. Por aqui a arte começou como "transformismo", título ainda defendido por artistas da velha-guarda, como Silvetty Montilla. O contexto drag nacional pegou carona no que acontecia em outros países europeus e nos Estados Unidos. Importamos, por exemplo, a ideia das grandes divas americanas e as performances em boates.

Desde Madame Satã e sua Mulata do Balacochê, passando por artistas resistentes da ditadura, como Miss Biá, a trajetória drag brasileira é pouco estudada, com documentos escassos a respeito. Por aqui, o estouro do movimento aconteceu perto dos anos 1990, mais especificamente no centro de São Paulo. De lá para cá, diversos estilos, sexualidades e outros formatos surgiram. A seguir, elencamos algumas das maiores lendas locais, mostrando como as drags queens/ transformistas acharam a brasilidade no ato de se montar para ser quem ou o que desejam.

AS DRAGS PIONEIRAS

MISS BIÁ CONQUISTOU o título de primeira. Foi uma drag queen brasileira com sessenta anos de palco. Sofreu na ditadura, quando não era permitido que homens se apresentassem vestidos em trajes femininos. Suas apresentações eram inspiradas nas grandes divas do cinema americano. Também se montava como Hebe Camargo em seus shows. Biá foi levada tristemente como uma das vítimas da covid-19 em 2020, aos 81 anos.

Com ela, outros nomes surgiram para desbravar um caminho que hoje é percorrido por tantas outras: Kaká di Polly intercalava o trabalho de palco com sua atuação como psicóloga. Foi uma das fundadoras da Parada LGBTQIAP+ de São Paulo. Isabelita dos Patins é argentina, mas fez carreira no Brasil: sua personagem vivia em cima de rodas nos pés, como o nome sugere. Com maquiagem branca e cores fortes, é fácil reconhecer o estilo dela. No Carnaval de 2018 foi homenageada por Sabrina Sato, que se montou como a diva. Silvetty Montilla ganhou o público com suas apresentações interativas. Salete Campari atua há mais de vinte anos e ficou conhecida por performar como Marilyn Monroe. Márcia Pantera é um furacão. É uma das mães do passo "bate cabelo", em que a drag joga a peruca de um lado para outro, desenhando um "símbolo de infinito" no ar.

AS DRAGS APRESENTADORAS

UMA DRAG QUEEN NA televisão é uma confusão para a cabeça da família tradicional brasileira. Se o sucesso do reality de RuPaul abriu portas para inúmeras drags ocuparem novos espaços nos Estados Unidos, no Brasil, essa abertura permitiu que várias delas também ganhassem um programa para chamar de seu. É uma vitória gigante para nós: homens montados entrando no lar das pessoas.

Pabllo Vittar teve uma das primeiras aparições na TV quando elencou a banda do programa **Amor & Sexo**, apresentado pela Fernanda Lima. No mesmo programa, em um quadro da temporada de 2016 intitulado "Bishow", Sarah Mitch, Gloria Groove e Aretuza Lovi ensinavam a arte drag para três participantes que aprendiam a se montar, enquanto Lorelay Fox explicava conceitos da comunidade LGBTQIAP+.

Seguindo a mesma linha de montar outras pessoas, Ikaro Kadoshi, Rita von Hunty e Penelopy Jean apresentam o **Drag Me as a Queen**, no canal E!. No programa, elas recuperam a autoestima de mulheres que não estão olhando para si com cuidado ou querem se ver de outra forma. Ganham um nome de batismo drag, aprendem a performar, a se maquiar e saem renovadas.

As três apresentadoras possuem sólidas carreiras no entretenimento, o que as levou a conseguir um contrato com canais da TV fechada. Ikaro tem mais de vinte anos se apresentando na noite paulistana e é deslumbrante em todos os shows. Rita é sucesso nas redes sociais: Guilherme Terreri, o professor por trás da diva, leva toda sua didática para a personagem que fala sobre política e coloca o dedo na ferida. Penelopy começou em baladas de São Paulo dentro do Trio Milano — um grupo que foi formado também por Amanda Sparks e Tiffany Bradshaw —, seguiu carreira solo e alçou grandes voos performando como Lady Gaga. Ela também aparece como uma das juradas do programa **Canta Comigo**, da Record.

Na Netflix, a série **Nasce uma rainha** segue premissa parecida. Alexia Twister, outra drag com sólida carreira no palco, e Gloria Groove ajudam a aprimorar os looks e a performance de pessoas que já eram drags ou têm o desejo de ser uma.

Já no YouTube, a rainha Silvetty Montilla apresentou duas temporadas do reality **Academia de Drags**, uma espécie de **RuPaul's Drag Race** brasileiro, mas infelizmente com pouco orçamento. Ainda na plataforma, Bianca Della-Fancy possui um quadro em seu canal chamado "Dellamake" em que ela maquia outras drags conhecidas enquanto as entrevista de forma sensível e ao mesmo tempo debochada. No Instagram, tem Jade Odara, que durante os primeiros meses da pandemia, em 2020, fez o divertido quadro "Jade na sua casa", em que entrevistava diferentes personalidades, como Daniela Mercury.

AS DRAGS CANTORAS

NÃO É REGRA, mas muitas drags ficam conhecidas por suas participações em baladas. De alguns anos para cá, essas apresentações deixaram de ser apenas performances de *lip sync* — do inglês, sincronização labial, ou seja, quando dublam uma música — de músicas de outros artistas e passaram elas mesmas a colocar a voz para jogo, cantando músicas próprias.

Algumas estrelas de salto e peruca são: Pabllo Vittar, a gigante, que lançou com amigos seu primeiro sucesso musical criando uma versão de uma música de Diplo; Gloria Groove, que se tornou uma máquina de hits, abraçou o pop e virou dona do Carnaval com seu "Bumbum de ouro", mas sem deixar suas origens de R&B de lado, presente em algumas músicas como "Radar"; Lia Clark, que veio de Santos e começou a fazer funk na capital, conquistando fãs com letras engraçadas e *feats* com Tati Quebra Barraco, Pepita e Wanessa; Aretuza Lovi, que veio do Distrito Federal, era hostess na principal balada LGBTQIAP+ de Brasília, criou uma letra para falar de catuaba e corote e chegou a lançar um disco físico com gravadora; Kaya Conky, rainha dos duplos sentidos e músicas mais safadinhas, que nasceu em Natal e se mudou para São Paulo para seguir sua carreira musical; Potyguara Bardo, amiga de Kaya, que faz um tipo de drag completamente diferente, com uma estética de fada, duendes e todo um universo fantástico, e escreve sobre a vida, o universo e tudo o que há de bom nele.

Existem mais. São tantas que é impossível falar de cada uma aqui, mas o importante é perceber que não existe só UM estilo de música drag. Existem cantoras drag queens e o resto é conversa.

É chegada sua chance de agradecer às divas da internet pelos bordões concedidos

EXISTE UMA IMAGEM da atriz Renata Sorrah olhando para a frente com cara de dúvida enquanto fórmulas matemáticas aparecem em sua frente. A cena foi retirada da novela **Senhora do destino**, em que ela vivia a personagem Nazaré Tedesco. A cantora Gretchen começou a fazer sucesso no Brasil na década de 1970 com sua dança e um de seus hits "Conga conga conga". O que as duas possuem em comum? Ambas viraram memes tipo exportação, explodiram a barreira do Brasil.

Sorrah brincou com o fato: "Trabalhei a vida toda para virar 'a mulher dos memes'". Gretchen possui inúmeros gifs que a trouxeram para uma nova roupagem da carreira que incluiu aparecer em um clipe da cantora americana Katy Perry.

Faz um tempo que a gente brinca que meme é um patrimônio nacional brasileiro. Se tem uma coisa que a gente sabe fazer é transformar imagens sobre qualquer assunto em figurinhas engraçadas que vão para as redes sociais e serviços de troca de mensagem.

No meio LGBTQIAP+, inúmeros bordões romperam a barreira do nicho em que surgiram e chegaram ao *mainstream,* como programas de TV e até mesmo a novela das 21 horas. Há termos, como o verbo "lacrar", que perderam seu significado original e se transformaram quando explodiram para além da bolha da comunidade.

Além da diversão, meme também é coisa séria. Há pessoas atrás daqueles segundos de vídeo. Algumas conseguiram construir alguma carreira depois de viralizar com o momento no YouTube. Outras fizeram participações em baladas no auge da brincadeira e depois seguiram sua vida. O assunto vira estudo, artigos e recentemente tema de podcast. É o caso do **Além do Meme**, apresentado pelo jornalista Chico Felitti, com produção do podcast **Um Milkshake Chamado Wanda**.

Criado em 2020, a proposta do podcast é humanizar as pessoas que foram memes algum dia, contando por onde andam depois da fama.

Neste livro, escolhemos alguns memes em que a pessoa do vídeo se divertiu com a situação assim como nós. Pegue seus bons drinks e aperte o play!

ROCHELLY SANTRELLY E SANGALO

QUEM SÃO? Participantes do reality show **Glitter: Em busca de um sonho**, da TV Diário, no Ceará, ficaram conhecidas em um quadro do programa que, depois da eliminação das candidatas, colocava uma de frente para a outra para ficarem trocando farpas.

POR QUE SÃO ÍCONES? O reality possuía nove participantes entre drag queens, mulheres trans, travestis e transformistas. Em determinado episódio, Rochelly escolheu a participante Sangalo para que se enfrentassem. Sangalo retrucou com o sonoro bordão: "Bicha, a senhora é destruidora mesmo, viu, viado?". Com os ânimos já exaltados, Rochelly emenda com o segundo bordão que trouxe a internet abaixo naquele ano de 2012: "Vai ser choque de monstro, meu amor".

BIANCA ALVES

QUEM É? A goiana de Águas Lindas tem voz calma e estilo de uma influencer do YouTube.

POR QUE ELA É UM ÍCONE? Com vídeos simples mostrando seu cotidiano de pessoa comum, Bianca começa todos os vídeos com seu famoso "Oi, meus amores!". Memes de Bianca surgiram em diversos contextos. Por exemplo, nos vídeos em que ela fazia o famoso *unboxing* — formato conhecido para revelar compras ou recebidos, geralmente produtos caros, como eletrônicos ou roupas. Mas com Bianca era diferente: com irreverência, ela mostrava o que comprava no supermercado. Várias pessoas escre-

viam "Se fosse blogueira, seguiria nessa linha", enaltecendo o quão próxima ela era de seus seguidores.

LUISA MARILAC

QUEM É? A mineira é a dona de um dos mais famosos bordões de YouTube quando se trata da comunidade LGBTQIAP+. Num único vídeo, em menos de dois minutos, ela diz várias frases que estão na boca do povo há mais de dez anos.

POR QUE ELA É UM ÍCONE? A origem do vídeo surgiu quando Luisa estava desiludida por conta de um amor. Ela queria mostrar que estava por cima e bem de vida. Gravou um vídeo, postou no YouTube, ficou altinha por conta do álcool que estava tomando e perdeu a senha da plataforma de vídeos, o que fez com que ela não conseguisse mais apagar o vídeo quando recuperou a sobriedade. Acreditou que ninguém saberia da existência dela, mas o vídeo viralizou. É por conta desse lapso que até hoje as frases do vídeo em que ela aparece de biquíni preto numa piscina continuam a ser utilizadas para falar sobre uma situação de volta por cima. Entre "Neste verão eu decidi fazer algo de diferente" e "tomando os meus bons drinks", Luisa fez a própria carreira na mídia. O bordão apareceu na novela **Insensato coração**, da rede Globo, em 2011, nas vozes dos atores Ricardo Tozzi e Deborah Secco. E como realmente o vídeo é uma máquina de bordões, o último que ela nos entregou aparece no finalzinho, antes de ela desligar a câmera. Ali, ela diz: "E teve boatos de que eu ainda estava na pior. Se isso é estar na pior, *porran*, que que quer dizer tá bem, né?".

BAMBOLA STAR

QUEM É? De origem indígena, nascida no Acre, a travesti fugiu para o Rio de Janeiro aos onze anos. Viveu na rua, embaixo da ponte, até conhecer uma amiga travesti que a levou para Roma, onde vive até hoje.

POR QUE ELA É UM ÍCONE? Você provavelmente já ouviu ou utilizou a expressão "Bom dia, Brasil, boa tarde, Itália!". É assim que Bambola começa seus vídeos. Ela e inúmeras pessoas que ficaram viciadas no bordão desde 2018, e o usavam como cumprimento independente da hora do dia.

NATASHA MARTORY

QUEM É? Em uma viagem para a Europa, a cearense se viu sem maquiagem andando como turista e gravou um vídeo para convocar outras pessoas LGBTQIAP+ a fazerem como ela e se mostrarem de cara limpa.

POR QUE É UM ÍCONE? Se você não ligou o nome às dicas dadas acima, Natasha é aquela que aparece ao lado de uma amiga em um curtíssimo vídeo que fez sucesso em 2015, em que elas estão passeando em uma praia. Com o pé na areia, sacou o celular do bolso e gravou o bordão "Põe a cara no sol, mona! Põe a cara no sol, querida!". Depois disso, eram milhares de legendas nas redes sociais utilizando as frases de Natasha. Até porque, como ela mesma dizia: "Bicha bonita não se esconde! Mostra o rosto, a feminilidade". O vídeo, que foi sucesso naquele ano, também foi regravado inúmeras vezes. Uma delas, pelo humorista Paulo Gustavo.

ROMAGAGA GUIDINI

QUEM É? Fã de cultura pop e divas musicais, Romagaga nasceu no interior do Rio Grande do Norte, na cidade de Mossoró. Seu vídeo falando sobre o lançamento do álbum homônimo **Beyoncé**, em 2013, fez explodir os bordões de Romagaga em locais LGBTQIAP+ e também no universo heterossexual.

POR QUE É UM ÍCONE? Fã de Beyoncé, Britney e, claro, Lady Gaga, seus vídeos no YouTube falavam com humor de lançamentos musicais com seu jeito muito peculiar. No vídeo em que ficou conhecida, o adjetivo utilizado por Romagaga para falar do lançamento daquele álbum foi o famoso "lacrar": "A Beyoncé lacra o cu das inimigas". Nesse sentido, a palavra lacrar é utilizada como um "mandou bem, arrasou". Segundo Carlos Mendonça, pesquisador pela Universidade Federal de Minas Gerais, a origem do termo vem de festas e espaços LGBTQIAP+, geralmente associados a apresentações musicais. Chegou à cultura pop em larga escala após o vídeo de Romagaga. Desde então, o termo passou por transformações. A mais cruel delas foi quando virou graça por parte da extrema direita, que utiliza o termo para falar da "geração do lacre". Um esvaziamento do significado original e um contra-argumento vazio para dizer que toda forma de militância por direitos humanos é apenas "lacração". A palavra vem sendo substituída pela expressão "e o tabu foi quebrado".

FLEUR DE ROSE

O QUE É? Música lançada há mais de dez anos no YouTube como parte de um projeto de curta-metragem.

POR QUE É UM ÍCONE? As músicas de Céline Dion ganharam versões no Brasil principalmente por conta da carreira de Sandy & Junior. Não foi o caso de "Because You Loved Me". Para o grupo de teatro de Fortaleza As Travestidas — fundado pelo ator Silvero Pereira —, a versão da música brincava com palavras do pajubá e satirizava a canção colocando uma letra sobre masturbação, vagina, sexo oral e anal! Chamada de "Fleur de rose", foi utilizada no curta de FaBinho Vieira, **GLOSSário** — 2ª lição. Ah, a pessoa à direita do vídeo é mesmo Silvero performando sua drag, Gisele Almodóvar.

 HOJE EU QUERO VOLTAR SOZINHO

 TATUAGEM

 DOC. dzi croquettes

 OS RAPAZES DAS CALÇADAS O FILME

SOL ALEGRIA

CORPO ELÉTRICO

 Alice junior

O MENINO E O VENTO

CALIFÓRNIA

No escurinho do cinema: personagens LGBTQIAP+ na telona

DIFERENTEMENTE DAS NOVELAS e de outras obras audio-visuais, o cinema tem maiores possibilidades de inovar e tocar em temas e formatos menos experimentados. É claro que depende de patrocínio, de a ideia ser vendida e de marcas que aceitem bancar filmes LGBTQIAP+ no mercado.

Mesmo assim, o caminho até o cinema conseguir contar histórias fora dos padrões heteronormativos foi cheio de percalços. Houve personagens de gays caricatos, houve falta de representatividade de outras letras da sigla, e muitas das produções resvalavam para a pornochanchada. Enfim, foram filmes produzidos aqui e ali ao longo do tempo, até alcançarmos um período em que produções são feitas em maior volume e com temas mais variados. Sendo o cinema um retrato da sociedade, a temática foi evoluindo até refletir de forma mais complexa na telona.

Ao longo dos capítulos deste livro, indicações de vários filmes foram dadas. Alguns documentários, outros de ficção. Como um livro que nunca teve a proposta de encerrar uma discussão ou fechar um tema, você pode pegar essa listinha para continuar mergulhando em produções brasileiras que se arriscaram ao colocar personagens LGBTQIAP+ como protagonistas de histórias variadas. Boa sessão!

AUGUSTO ANÍBAL QUER CASAR (1923)

DIRIGIDO POR Luís de Barros

NO ELENCO TEM Augusto Aníbal, Iara Jordão, Nair de Almeida, Albino Vidal, Manuel Pinto

POR QUE ASSISTIR? Na verdade, você não conseguirá assistir a este filme. De acordo com o site da Cinemateca Brasileira, ele é considerado desaparecido. Foi incluído nesta lista por se tratar de um dos primeiros filmes brasileiros a incluir a temática LGBTQIAP+ de alguma forma. Na história, Augusto Aníbal quer achar uma moça para se casar e para isso flerta com várias mulheres. No fim, um grupo formado pelas mulheres que ele tentou ter como esposas prepara um casamento com uma transformista chamada Darwin, que se veste de noiva para o momento.

O MENINO E O VENTO (1967)

DIRIGIDO POR Carlos Hugo Christensen

NO ELENCO TEM Ênio Gonçalves, Wilma Henriques, Luís Fernando Ianelli, Odilon Azevedo, Germano Filho

POR QUE ASSISTIR? Considerado o primeiro filme cuja temática central é a homossexualidade, o drama conta a história de um engenheiro que volta a uma cidade do interior de Minas para estudar sobre os ventos da região, e de um garoto que possui a mesma paixão pelos ventos do local. O menino desaparece e a história se encaminha para um tribunal para descobrir se o engenheiro foi o responsável pelo sumiço do adolescente. Um fato importante é que o filme chegou a ser lançado durante a ditadura.

ESTRANHO TRIÂNGULO (1969)

DIRIGIDO POR Pedro Camargo

NO ELENCO TEM Carlo Mossy, Leila Santos, José Augusto Branco, José Wilker

POR QUE ASSISTIR? O filme é um típico dramalhão. Na história, Durval, Werner e Susana formam um triângulo amoroso sob o pano de fundo da vida que os três levavam no Rio de Janeiro. Como seria de se esperar, o romance entre Werner e Durval é mais velado, deixando mais em evidência a relação dos dois com Susana.

A RAINHA DIABA (1974)

DIRIGIDO POR Antonio Carlos da Fontoura

NO ELENCO TEM Milton Gonçalves, Odete Lara, Stepan Nercessian, Nelson Xavier, Iara Cortes

POR QUE ASSISTIR? O diretor define esta obra como um "thriller pop-gay-black", com referências norte-americanas do movimento cinematográfico *blaxploitation*. Diaba comanda um bordel e, para salvar seu amado que vivia num universo marginalizado, "cria" outro bandido para despistar os crimes que ele havia cometido. O filme tem uma questão problemática: Milton Gonçalves é quem dá vida à Diaba. Um ator heterossexual interpretando e dando vida a uma travesti. É o que hoje se chama de *transfake*.

MALDITA COINCIDÊNCIA (1979)

DIRIGIDO POR Sérgio Bianchi

NO ELENCO TEM Patrício Bisso, Sérgio Mamberti, Luís Roberto Galizia, Maria Alice Vergueiro, Paulo Márcio Galvão

POR QUE ASSISTIR? Apesar de a temática central não ser LGBTQIAP+, o filme apresenta personagens marginalizados que vivem em um castelo abandonado no centro de São Paulo. Hippies, traficantes, gays, cartomantes: ao todo 22 pessoas moram no local. Ao receberem uma carta da prefeitura anunciando que precisarão retirar os lixos do castelo, discussões e discórdias começam a acontecer entre eles.

OS RAPAZES DAS CALÇADAS (1981)

DIRIGIDO POR Levi Salgado

NO ELENCO TEM Lady Francisco, Celso Faria, Lia Farrel, Fernando José, Ana Maria Kreisler, Fernando Reski, Levi Salgado

POR QUE ASSISTIR? Mostrando uma visão caricata de homens gays, o filme apresenta um grupo de rapazes efeminados que vivem em um universo underground do Rio de Janeiro. De forma marginalizada, eles se envolvem em brigas e assaltos com garotos de programa da região. O protagonista Luís é vivido pela atriz Lady Francisco, sex symbol da época. O filme é considerado uma pornochanchada e já no pôster promete muitas cenas de sexo explícito entre homens.

AMOR MALDITO (1984)

DIRIGIDO POR Adélia Sampaio

NO ELENCO TEM Monique Lafond, Wilma Dias, Emiliano Queirós, Neusa Amaral, Tony Ferreira

POR QUE ASSISTIR? O filme é importante por alguns motivos: Adélia Sampaio foi a primeira diretora negra do cinema nacional; a história é a primeira a apresentar o caso de mulheres lésbicas na telona, motivo pelo qual foi preciso lançá-lo como pornochanchada; por último, ele só conseguiu aparecer em nove salas de cinema de São Paulo. O roteiro conta a relação entre uma executiva e uma ex-miss. Quando uma delas se suicida, a outra precisa provar que não foi culpada pela morte.

AQUELES DOIS (1985)

DIRIGIDO POR Sérgio Amon

NO ELENCO TEM Pedro Wayne, Beto Ruas, Suzana Saldanha

POR QUE ASSISTIR? A história é baseada no conto homônimo de Caio Fernando Abreu e só por isso vale a pena assisti-lo. Mas o interessante é que, no filme, nada é o que parece. Os dois protagonistas do título não são um casal. Ambos são heterossexuais e se aproximam por conta de desilusões amorosas. Nutrindo, a partir dali, uma forte amizade. As pessoas ao redor deles começam a desconfiar a ponto de eles mesmos ficarem confusos se realmente existia algo a mais ali, mesmo que no íntimo nem fosse a vontade deles.

MEU AMIGO CLAUDIA (2009)

DIRIGIDO POR Dácio Pinheiro

NO ELENCO TEM Claudia Wonder, Alfredo Sternheim, Caio Fernando Abreu, José Celso Martinez Corrêa, Grace Gianoukas, Kid Vinil, Sérgio Mamberti, Leão Lobo

POR QUE ASSISTIR? Claudia Wonder foi uma travesti ativista importantíssima para a causa LGBTQIAP+, morta em 2010. O documentário conta a história dela através de depoimentos e arquivos. Como ela também era atriz e cantora, o filme é uma oportunidade para conhecer um Brasil pop e musical dos anos 1980.

DZI CROQUETTES (2009)

DIRIGIDO POR Tatiana Issa e Raphael Alvarez

NO ELENCO TEM Cláudio Tovar, Ciro Barcelos, Bayard Tonelli, Rogério de Poly e Benedito Lacerda. **E NOS DEPOIMENTOS** Liza Minnelli, Gilberto Gil, Marília Pêra, Nelson Motta, Claudia Raia, Pedro Cardoso, Elke Maravilha, Betty Faria, Miguel Falabella

POR QUE ASSISTIR? Dzi Croquettes foi uma companhia de teatro e dança importantíssima para a história LGBTQIAP+ brasileira. Fundado em 1972, o grupo era debochado e criticava a ditadura; seus atores performavam de salto, com pernas cabeludas e barba no rosto. Foram banidos do Serviço Nacional de Teatro e representam o melhor da contracultura brasileira dessa época. O documentário conta com depoimentos variados e de peso, que vão desde Elke Maravilha a Liza Minnelli. Além disso, ganhou ao menos treze prêmios em diversos festivais pelo mundo.

ELVIS & MADONA (2010)

DIRIGIDO POR Marcelo Laffitte

NO ELENCO TEM Simone Spoladore, Igor Cotrim, Sérgio Bezerra, Maitê Proença, Buza Ferraz, José Wilker

POR QUE ASSISTIR? O filme é uma comédia romântica entre uma travesti (Madona, com só um N mesmo!) e uma mulher lésbica (Elvis). O longa também se apropriou da prática de *transfake*. O ponto positivo é que mostra uma história incomum pelo viés da comédia, sem cair no escracho com pessoas LGBTQIAP+. Também é possível analisar que, na verdade, a paixão que vai desabrochando entre as duas tem menos a ver com sexualidades e mais com sentimento.

TEUS OLHOS MEUS (2011)

DIRIGIDO POR Caio Sóh

NO ELENCO TEM Emílio Dantas, Remo Rocha, Paloma Duarte, Roberto Bomtempo, Lua Blanco

POR QUE ASSISTIR? Se estiver procurando um filme sobre descobertas da sexualidade, este é um deles. Um jovem órfão vive com os tios e é expulso de casa. Levando seu violão, se aproxima de um produtor musical e com ele vai percebendo sua sexualidade desflorar. O filme ganhou sete prêmios, como melhor ator, roteiro e música.

EU TE AMO RENATO (2012)

DIRIGIDO POR Fabiano Cafure

NO ELENCO TEM Felippe Vaz, Vinicius Moulin e Ingrid Conte

POR QUE ASSISTIR? Focando na bissexualidade de seus protagonistas, o filme conta a história de dois homens e uma mulher que se relacionam em uma viagem para um sítio. Como homenagem para Renato Russo, a trilha possui diversas canções do artista e se passa em 1996, ano em que ele morreu. Também é o primeiro longa-metragem brasileiro feito exclusivamente para a internet com licença para ser distribuído de forma gratuita, desde que dado o crédito à distribuidora.

TATUAGEM (2013)

DIRIGIDO POR Hilton Lacerda

NO ELENCO TEM Irandhir Santos, Jesuíta Barbosa, Rodrigo García, Sílvio Restiffe, Nash Laila

POR QUE ASSISTIR? Sendo uma das grandes produções do cinema pernambucano, **Tatuagem** merece cada prêmio que conquistou em sua estreia. Contando a história do criador da trupe de teatro Chão de Estrelas e de um jovem militar, o filme mostra performances nas ruas e nos palcos em uma explosão de cores, fantasias e música. Fala de ditadura, debocha do universo repressor dos militares e apresenta um jovem Jesuíta Barbosa que mais tarde se tornaria um dos grandes nomes entre os atores nacionais.

PRAIA DO FUTURO (2014)

DIRIGIDO POR Karim Aïnouz

NO ELENCO TEM Wagner Moura, Clemens Schick, Jesuíta Barbosa, Ygor Ramos, Sophie Charlotte Conrad

POR QUE ASSISTIR? A produção brasileira e alemã mostra a vida de um salva-vidas que se apaixona por um alemão que salvou na praia do Futuro, em Fortaleza. Então a história deixa o Brasil e vai para a Alemanha, com os dois vivendo juntos. Uma das cenas mais lindas é quando o ator Wagner Moura dança com Clemens Schick em casa.

FAVELA GAY (2014)

DIRIGIDO POR Rodrigo Felha

NO ELENCO TEM Dejah Idalice, Jeckie Brown, Jean Wyllys, Carlinhos do Salgueiro, Flávio Ruivo

POR QUE ASSISTIR? O documentário relata a relação de pessoas LGBTQIAP+ com as comunidades cariocas. Preconceito, família, trabalho e aceitação. Mostra também como a história das pessoas que viviam ali é reconstruída com a inserção de música, dança e política.

HOJE EU QUERO VOLTAR SOZINHO (2014)

DIRIGIDO POR Daniel Ribeiro

NO ELENCO TEM Ghilherme Lobo, Fábio Audi, Tess Amorim, Selma Egrei, Eucir de Souza

POR QUE ASSISTIR? O piloto foi um curta-metragem disponibilizado no YouTube que obteve sucesso e se tornou um longa. A história é sobre as primeiras aventuras amorosas e sexuais de três jovens, Leonardo, Giovana e Gabriel. Cego, Leonardo vive cenas delicadas ao lado de Gabriel, seu melhor amigo, como quando ele passa a mão em seu rosto para entender como é sua fisionomia. Focado nas descobertas adolescentes, o filme é sensível e apresenta o nascimento de uma bela relação entre dois garotos.

WAITING FOR B (2015)

DIRIGIDO POR Abigail Spindel e Paulo Cesar Toledo

NO ELENCO TEM Gabriela Electra, Rick Caled, Bruno Brunet, Vítor Lopes

POR QUE ASSISTIR? Existe um fascínio em entender os motivos que levam fãs de artistas musicais a acamparem meses antes da apresentação para tentar ficar o mais perto possível de seus ídolos. Em 2013, Beyoncé fez uma turnê pelo Brasil e diversas pessoas ficaram em barracas por cerca de dois meses para vê-la no palco. O documentário acompanha a jornada dessas pessoas e fala sobre classe econômica — já que o principal motivo era o fato de não conseguirem comprar os ingressos mais caros —, raça, feminismo e homofobia.

TUPINIQUEENS (2015)

DIRIGIDO POR João Monteiro

NO ELENCO TEM Raja Gemini, Samantha Banks, Tiffany Bradshaw, Lorelay Fox, Gloria Groove, Penelopy Jean, Ikaro Kadoshi, Malonna, Márcia Pantera, Latrice Royale, Amanda Sparks

POR QUE ASSISTIR? O documentário foi produzido durante o novo boom de drag queens surgido com o sucesso de **RuPaul's Drag Race** no Brasil. Aproveitando a presença de participantes do reality em festas brasileiras, a equipe aproveitou para entrevistá-las e fazer uma costura da cena americana com as drags tupiniquins.

CALIFÓRNIA (2015)

DIRIGIDO POR Marina Person

NO ELENCO TEM Aren Gallo, Caio Horowicz, Caio Blat, Giovanni Gallo, Virginia Cavendish, Paulo Miklos

POR QUE ASSISTIR? Ambientado em um Brasil de 1980, o filme de estreia de Marina Person fala sobre a chegada da aids em nosso país. A trilha sonora é um destaque, trazendo hits de Titãs, Blitz, Kid Abelha, The Cure e Joy Division.

SÃO PAULO EM HI-FI (2016)

DIRIGIDO POR Lufe Steffen

NO ELENCO TEM Kaká di Polly, Elisa Mascaro, Miss Biá, Gretta Starr, João Silvério Trevisan, James Green, Celso Curi, Leão Lobo

POR QUE ASSISTIR? O documentário é uma lição de casa para quem quer entender como nasceu a noite LGBT-QIAP+ no centro de São Paulo. Tendo como recorte as décadas de 1960 a 1980, é possível conhecer as personagens e personalidades que lutaram contra a ditadura militar e perderam amigos ou até morreram com a explosão da aids no Brasil.

ANTES O TEMPO NÃO ACABAVA (2016)

DIRIGIDO POR Sérgio Andrade e Fábio Baldo

NO ELENCO TEM Anderson Tikuna, Begê Muniz, Rita Carelli, Emanuel Aragão, Fidelis Baniwa

POR QUE ASSISTIR? Com início semidocumental, a ficção se apresenta mais nitidamente à medida que o filme avança. Anderson é um jovem indígena que deixa seu povo e se muda para Manaus. Na cidade grande, começa a se aventurar em um "mundo branco", ganhando um nome diferente e experimentando uma nova cultura e a própria sexualidade como um homem gay.

CORPO ELÉTRICO (2017)

DIRIGIDO POR Marcelo Caetano

NO ELENCO TEM Kelner Macêdo, Lucas Andrade, Ana Flavia Cavalcanti, Linn da Quebrada, Márcia Pantera, Nash Laila, Evandro Cavalcante

POR QUE ASSISTIR? Com elenco cheio de rostos novos e potentes, o filme mostra a vida de trabalhadores de uma fábrica têxtil em uma rotina de trabalho perto do fim de ano. Mesclam uma rotina pesada com algum respiro nos momentos em que se encontram para tomar uma cervejinha pós-expediente ou quando viajam para ver o mar. O filme chegou a ser premiado em Portugal, na Holanda, na Espanha e no México.

PARAÍSO PERDIDO (2018)

DIRIGIDO POR Monique Gardenberg

NO ELENCO TEM Jaloo, Lee Taylor, Júlio Andrade, Malu Galli, Hermila Guedes, Marjorie Estiano, Erasmo Carlos, Seu Jorge, Humberto Carrão

POR QUE ASSISTIR? Com diversos números musicais, o filme faz bom uso do elenco de grandes cantores que também atuam. É uma celebração da música brasileira dentro de uma boate da família que tem como patriarca Erasmo Carlos. Estreando no cinema, Jaloo manda bem vivendo um romance com Humberto Carrão.

SÓCRATES (2018)

DIRIGIDO POR Alexandre Moratto

NO ELENCO TEM Christian Malheiros, Tales Ordakji, Caio Martinez Pacheco, Rosane Paulo, Jayme Rodrigues

POR QUE ASSISTIR? Indicado a prêmios importantes, o filme conta a história de um protagonista gay e negro que tenta sobreviver em uma situação de pobreza na periferia de Santos, em São Paulo, após a morte da mãe. A estreia do filme aconteceu no Festival de Cinema de Los Angeles.

LEMBRO MAIS DOS CORVOS (2018)

DIRIGIDO POR Gustavo Vinagre

NO ELENCO TEM Julia Katharine

POR QUE ASSISTIR? Atriz, cineasta e roteirista, Julia Katharine é uma mulher trans e conduz este documentário.

Ao longo de oitenta minutos, acompanhamos uma noite de insônia em que ela vai nos contando sobre a própria aceitação e suas vivências.

SOL ALEGRIA (2018)

DIRIGIDO POR Tavinho Teixeira e Mariah Teixeira

NO ELENCO TEM Mariah Teixeira, Tavinho Teixeira, Mauro Soares, Joana Medeiros, Everaldo Pontes, Ney Matogrosso

POR QUE ASSISTIR? Ler a sinopse não te explicará necessariamente o que acontece nos noventa minutos de filme. Durante a ditadura, uma família tenta salvar a humanidade da extinção. Se você estiver preparado para uma experiência visual, com cenas de protesto, escolha este filme. Ney Matogrosso faz uma participação em um número musical. Vá de cabeça aberta e experimente.

TINTA BRUTA (2018)

DIRIGIDO POR Marcio Reolon e Filipe Matzembacher

NO ELENCO TEM Shico Menegat, Bruno Fernandes, Guega Peixoto, Sandra Dani, Frederico Vasques

POR QUE ASSISTIR? Com elenco estreante, o drama conta a história de um jovem órfão que responde a um processo criminal enquanto se vê longe de sua irmã. Criando um personagem na internet, ele se intitula GarotoNeon e se apresenta dentro de seu quarto pintando o próprio corpo com tintas fluorescentes.

INDIANARA (2019)

DIRIGIDO POR Aude Chevalier-Beaumel e Marcelo Barbosa

NO ELENCO TEM Indianara Siqueira, Wescla Vasconcelos, Biancka Fernandes, Luciana Vasconcellos, Mauricio Susano

POR QUE ASSISTIR? Premiado em ao menos quatro países, o documentário conta a história de Indianara Siqueira. Se autodeclarando pute e vegane, é quem idealizou a Casa Nem, que acolhe pessoas LGBTQIAP+ em situação de vulnerabilidade no Rio de Janeiro. O filme teve estreia de grande destaque em Cannes, e mostra um período do Brasil que vai desde o movimento "Fora, Temer", passando pela prisão de Lula e pela eleição de Bolsonaro. Indianara arregaça as mangas e luta em todos esses momentos com seu grupo, o TransRevolução. Ainda no documentário, Marielle Franco também está presente, participando das lutas de Indianara enquanto viva.

ALICE JÚNIOR (2019)

DIRIGIDO POR Gil Baroni

NO ELENCO TEM Anne Celestino Mota, Emmanuel Rosset, Surya Amitrano, Matheus Moura, Thaís Schier, Katia Horn, Gustavo Piaskoski, Antonia Montemezzo, Igor Augustho, Melissa Locatelli

POR QUE ASSISTIR? O filme traduz várias discussões que os últimos anos não haviam dado conta de resolver no cinema. Primeiro que, diferentemente de outros citados nesta lista, aqui uma atriz trans dá vida à protagonista Alice — sem juízo de valor ao que era feito no passado, mas é importante percebermos a evolução do assunto. A jovem tem boa autoestima, e o longa não recorre à narrativa da aceitação como tantos outros filmes sobre o tema. Na história, o pai de Alice é transferido de Recife para o interior do Paraná, fazendo com que a filha precise se adaptar a uma cidade mais conservadora do que a que vivia. Ela é uma youtuber e fora do computador sonha em dar o primeiro beijo. **Alice Júnior** é um filme de comédia adolescente. Também é um dos únicos com a temática a que se propõe!

FIM DE FESTA (2020)

DIRIGIDO POR Hilton Lacerda

NO ELENCO TEM Irandhir Santos, Gustavo Patriota, Amanda Beça, Leandro Villa, Safira Moreira, Hermila Guedes

POR QUE ASSISTIR? A história se passa com um grupo que se conheceu durante o Carnaval. Na Quarta de Cinzas, um assassinato acontece nas redondezas e o pai de um dos integrantes volta de viagem para investigar o que aconteceu. O filme foi lançado oficialmente no dia 5 de março de 2020 e, se você já ligou as datas, foi praticamente duas semanas antes de o país mergulhar na quarentena. Já nos serviços de streaming, é a chance de assistir a essa obra tão prejudicada pela pandemia.

Glossário

C

CISGÊNERO: pessoas que se identificam com o gênero atribuído no nascimento. Por exemplo: um homem que nasceu com órgãos sexuais masculinos e se identifica com essas características é um homem cisgênero. Também é utilizada a forma reduzida do termo, que possui o mesmo significado: podemos dizer "pessoa/homem/mulher cis".

COLORISMO: o Instituto Brasileiro de Geografia e Estatística (IBGE) categoriza as cores de pele dos brasileiros entre amarelo, branco, indígena, pardo e preto. Existe uma lacuna que separa os acessos e oportunidades a depender de qual "quadrado" cabe a você. Como mais uma artimanha do racismo, o colorismo também se estabelece de forma estrutural: quanto mais clara e próxima da cor branca for a pele da pessoa negra, mais oportunidades ela possui. Também é importante entender que o termo "negro" engloba pessoas pardas e pretas.

CURA GAY: curar o que se não estamos doentes?

D

DAR O NOME: do pajubá moderno, arrasar. Aplicação na frase: "A bicha deu o nome, viado!".

DRAG QUEEN: caracteriza-se pelo uso de roupas e maquiagens geralmente associadas ao universo feminino, quase sempre de forma exagerada, para performance artística. Independe da identidade de gênero ou da orientação sexual. No Brasil, era comum ser usado o termo transformista. Há também a prática de drag king, onde o foco é a caracterização masculina.

H

HETERONORMATIVIDADE: é o conceito de que "normal" é a relação com o sexo oposto e que o resto é um desvio moral. Além da relação afetiva e sexual, também tem a ver com o que é esperado de uma pessoa na sociedade: casar e ter filhos dentro de uma relação heterossexual.

HIV E AIDS: o vírus da imunodeficiência humana (HIV) é o causador da síndrome da imunodeficiência adquirida (aids). O tratamento hoje é altamente eficaz — e disponível integralmente no SUS! Com o acompanhamento adequado, a aids não se desenvolve e o HIV deixa de ser transmitido. E não chame ninguém de "aidético", bicha! Pessoa vivendo com HIV/ aids (PVHA) é a melhor forma de se referir a quem tem o diagnóstico.

I

IDENTIDADE DE GÊNERO: como a pessoa identifica o próprio gênero. Pode ou não corresponder ao mesmo atribuído no nascimento.

IST: o termo infecções sexualmente transmissíveis (ISTs) substituiu o doenças sexualmente transmissíveis (DSTs), pois uma pessoa pode possuir uma infecção, mesmo sem apresentar sintomas ou estar doente.

K

KIT GAY E MAMADEIRA DE PIROCA: fake news espalhadas na eleição presidencial de 2018.

M

MONTADA/ MONTAR/ MONTAÇÃO: do pajubá moderno, se montar é se arrumar, colocar maquiagem no rosto, muitas vezes pôr salto alto e peruca, como é comum entre drag queens. Em suma, se transformar para ir a um evento. Aplicação na frase: "Me montei toda para ir naquela festa", "Saí de casa toda montada!".

N

NÃO BINÁRIA: a pessoa que não se vê representada no masculino ou no feminino. Independe do gênero atribuído no nascimento. É comum, mas não é regra, que utilizem a linguagem neutra de gênero, substituindo os artigos *o* e *a* pela letra *e*. Por exemplo: "Boa tarde a todes".

O

ORIENTAÇÃO SEXUAL: refere-se à sexualidade em si. Por quem a pessoa se atrai (ou não). Não se utiliza o termo "opção sexual" por não se tratar de uma escolha.

P

PASSABILIDADE: quando uma pessoa é lida na sociedade como pertencente a outro grupo diferente do seu. Por exemplo, uma mulher trans é lida como uma pessoa cis por ter traços considerados mais femininos. Há quem acredite ser um elogio virar para uma pessoa trans e dizer "Eu não diria que você não nasceu mulher!". Porém, é um tipo de preconceito, pois baseia-se na premissa de que toda pessoa trans quer esconder o fato de não ser cis. O termo também é utilizado para raça, quando uma pessoa negra de pele mais clara é lida na sociedade como branca. Ela goza de alguns privilégios a depender do ambiente que está frequentando.

PERFORMANCE DE GÊNERO: segundo Judith Butler, o que entendemos como gênero são construções sociais. A ideia de que existem determinadas performances para o feminino e o masculino são fantasias instituídas na sociedade. Daí vem a loucura de dizer que o azul é cor de menino e rosa, de menina, que saias e vestidos são roupas de mulher, gravata, de homem...

PROCESSO TRANSSEXUALIZADOR: pessoas trans podem contar com atendimento gratuito no SUS para se adequarem ao gênero com que se identificam. Hormonização, cirurgia e psicoterapia podem fazer parte do processo. Muitas não chegam a realizar a cirurgia de transgenitalização por causa da demora e da burocracia, ou por ter uma boa relação com seus genitais. O termo "mudança de sexo" é incorreto, então não use, ok?

R

RETIFICAÇÃO DE NOME E GÊNERO: uma pessoa pode incluir, excluir ou alterar o nome e o sobrenome atribuído em seu nascimento. Também é possível alterar o gênero que lhe foi atribuído. Este direito existe desde 2018 graças a muita luta do movimento trans.

S

SODOMIA: considerado um dos crimes no período da Inquisição, é, na verdade, o sexo anal feito entre homens ou entre homens e mulheres. O termo não é atual e carrega uma carga pejorativa.

T

TRANSFAKE: quando atrizes e atores cisgêneros são escalados para viver personagens trans em peças, filmes, novelas... A maior crítica a isso é que o espaço de pessoas trans é ignorado para dar espaço a pessoas cisgêneras.

Fontes deste capítulo: aids.gov, Catraca Livre, *Guia do Estudante*, *Nova Escola*, OK2BME, Unaids

Agradecimentos

QUE LOUCURA CHEGAR ATÉ AQUI. Que alegria poder brindar e agradecer a cada pessoa que, de alguma forma, me deu força para terminar este projeto.

Dedico este livro a meu marido, Tales Areco. Comemoramos cada etapa dele juntos. Sua força, sua companhia, seus beijinhos e todo o seu amor foram essenciais para que eu desse conta do recado. Obrigado por compartilhar uma vida comigo, com Baru e Caju, nossos filhotes felinos. Também ao Scott, que precisou ir embora do mundo mais cedo, enquanto este livro era escrito.

À mamãe Hilda, agradeço pelo incentivo à leitura e a meu irmão João, por acreditar em mim: nós somos nós por nós. Com muito amor à nossa maneira. Com muita pamonha e Caldas Novas. Como é bom celebrar mais este capítulo com vocês. Junto à minha madrinha Aline, ao Daniel e ao Natã, vocês são a base para onde posso voltar. Quanto evoluímos! <3

Leda, Gabi, Nádia e Eric, vocês ainda aguentam me ouvir falar deste livro? Vocês são meus primeiros leitores e incentivadores. Como é delicioso falar com vocês todos os dias sobre todos os assuntos. Sem julgamento ou cancelamento!

Ka, Mat, JuDias e Lets, amo vocês! Obrigado por serem minha família de São Paulo, por cada troca que temos sobre a vida, o universo e o apoio que nos damos para irmos em frente.

Kátia Areco e Vanilda, obrigado por estarem comigo e torcerem por mim. É maravilhoso ter vocês em minha vida!

Iara, minha psicóloga, e Mariana, minha psiquiatra. Cada troca que tivemos em meu processo de me entender nos últimos anos foi essencial para que eu chegasse aqui!

Samuca Gomes, você é gigante! É aquela pessoa que sobe e leva os seus juntos. Obrigado por ter sido tão generoso desde o começo da edição deste livro. Sua potência me inspira demais.

Fê Portella e Bia Marassi, paixõezinhas desta vida. Vocês deram vida ao projeto gráfico deste livro! Obrigado pela generosidade e vinhos neste processo de criação.

Marina Castro, nem em todas as minhas fantasias como escritor imaginei que teria uma editora goiana nesta comigo! Que maravilhoso ver seus comentários durante o caminho e o quanto estava aberta a aprendermos juntos sobre o tema.

Quezia Cleto, seu bebê nasceu no meio dessa jornada e já deve estar gigante! Obrigado por acreditar na força deste livro.

A cada pessoa que de alguma forma torceu muito e vibrou com esta conquista, obrigado. Citando alguns que estiveram de pertinho: Liu, Gui Gonçales, Luiz Guilherme, Lau Azevedo, Luisa Marsiglio, Nath Ferreira, Paloma Mello, Felipe Higa, Lucas Magalhães, Mari Maciel, Carol Miranda, Duda Oliva, Mariana Mariano e Camila Camilo. Minha rede é forte, não brinca comigo, não!

Agradeço, por último, às 180 pessoas que acreditaram neste livro inicialmente e apoiaram o financiamento coletivo que foi o início de tudo. Vocês foram a força para eu acreditar no meu trabalho.

E NÃO É QUE A GENTE CONSEGUIU, PATRICK? OOPS, NÓS FIZEMOS DE NOVO!

Notas

BISHOP, Elizabeth. "The shampoo/ O banho de xampu". Tradução de Paulo Henriques Britto. In: *Poemas escolhidos de Elizabeth Bishop*. Seleção, tradução e textos introdutórios de Paulo Henriques Britto. Edição bilíngue. 1. ed. São Paulo: Companhia das Letras, 2012. Em inglês: p. 212; em português: p. 213.

MORANGO, Angélica. "Indígena, bissexual e rapper, Katú desafia: 'Descoloniza esse pensamento'". Blog da Morango, 22 abr. 2019. Disponível em: <https://blogdamorango.blogosfera.uol.com.br/2019/04/22/indigena-bissexual-e-rapper-katu-desafia-descoloniza-esse-pensamento/>. Acesso em: 14 mar. 2022.

MOTT, Luiz. *Dicionário biográfico dos homossexuais da Bahia (séculos XVI-XIX)*. Salvador: Editora Grupo Gay da Bahia, 1999. Disponível em: <https://grupogaydabahia.files.wordpress.com/2018/02/3-dicionario-biografico-dos-hxs-da-bahia.pdf>. Acesso em: 17 mar. 2022.

SECO, Raquel. "Laerte Coutinho e as duas caras do Brasil". *El País*, 17 jan. 2016. Disponível em: <https://brasil.elpais.com/brasil/2016/01/13/estilo/1452687971_322515.html>. Acesso em: 14 mar. 2022.

ESTA OBRA FOI COMPOSTA POR BEATRIZ MARASSI, FELIPE PORTELLA E TÂNIA MARIA
EM SOURCE SERIF, DREAMING OUTLOUD E BALI BEACH E IMPRESSA PELA
GRÁFICA SANTA MARTA EM OFSETE SOBRE PAPEL ALTA ALVURA DA SUZANO S.A.
PARA A EDITORA SCHWARCZ EM JUNHO DE 2022

CASO SEJA QUEIMADA, VIRA PURPURINA.

FSC
www.fsc.org
MISTO
Papel produzido
a partir de
fontes responsáveis
FSC® C011188

A marca FSC® é a garantia de que a madeira utilizada na fabricação do papel deste livro provém de florestas que foram gerenciadas de maneira am-
bientalmente correta, socialmente justa e economicamente viável, além de
outras fontes de origem controlada.